ESSAI

D'UNE

Psychologie du Peuple Breton

PAR

RAOUL DE LA GRASSERIE

Lauréat de l'Institut de France

(Extrait des Mémoires de la Société Académique de Nantes)

NANTES

Imprimerie C. MELLINET — BIROCHÉ ET DAUTAIS, succrs

5, Place du Pilori, 5

1905

ESSAI

D'UNE

Psychologie du Peuple Breton

PAR

RAOUL DE LA GRASSERIE

Lauréat de l'Institut de France

(Extrait des Mémoires de la Société Académique de Nantes)

NANTES

IMPRIMERIE C. MELLINET. — BIROCHÉ ET DAUTAIS, SUCCrs

5, Place du Pilori, 5

1905

ESSAI

D'UNE

Psychologie du Peuple Breton

C'est seulement dans la dernière partie du siècle dernier qu'a pris naissance une science nouvelle, qui n'a pas encore reçu de nom et que nous proposons d'appeler la *psychologie* et la *sociologie ethniques*, ou plus exactement, car ces deux disciplines n'en font qu'une, la *psycho-sociologie ethnique*. C'est d'elle que nous voulons donner aujourd'hui un essai, en l'appliquant à un peuple intéressant à des titres nombreux, au peuple breton, et avec lui, à l'ensemble de la race celtique.

L'introduction de cette science a été tardive, une autre, utile comme elle, l'a précédée et est mieux connue : la psychologie collective, qui n'est pas une étrangère, même auprès du grand public. On a pensé que l'ancienne psychologie, celle de l'homme isolé et abstrait, ou, ce qui revient au même, de l'humanité dans son ensemble, avait des bornes trop étroites, que les individus ne sont pas seuls à posséder une mentalité digne d'observation, et que, lorsqu'un certain nombre d'entre eux sont réunis, volontairement ou instinctivement, pour une série d'actions ou de pensées communes, par exemple, dans une foule, ils possèdent en quelque sorte un esprit générique, distinct de celui de chacun d'eux. Des auteurs très avisés ont élaboré cette psychologie, qui progresse tous les jours.

On ne s'est pas longtemps arrêté à ce point de la route et on a pensé que les nations avaient, elles aussi, une mentalité unique, collective, ou que, tout au moins, chacun des nationaux qui la composent ont, inné ou acquis, un caractère commun, duquel on peut éliminer les variétés individuelles. Cette idée se justifie de prime abord par l'existence même du patriotisme qui autrement pourrait résulter, il est vrai, de l'identité des intérêts, mais ne serait accompagné d'aucun sentiment. D'autre part, qui ne voit, à l'observation la plus superficielle, que, sur une foule de points, l'esprit anglais, par exemple, et l'esprit français ne coïncident pas, et que chacun d'eux aperçoit et apprécie la nature et la société sous un angle tout à fait différent! De là la psychologie ethnique. C'est la dernière venue dans le groupe des sciences morales et sociales, mais ce n'est pas la moins importante.

Telle est l'idée générale de la psychologie ethnique ; nous verrons tout à l'heure ce qu'il faut entendre par la sociologie de même nom. Pour bien le comprendre, quelques mots de théorie sont nécessaires.

Toutes les sciences ont une marche dans le même sens, au moins au point de vue logique, car leur ordre historique n'a pas toujours été identique. Elles observent d'abord les faits tout à fait individuels, les comparent et en tirent des conséquences, quelquefois même des lois, mais qui restent individuelles aussi ; la science est alors tout à fait concrète, *car le concret, c'est l'individuel.* Puis des individus elle monte peu à peu à l'étude des espèces et des genres, des collectivités, dont elle constate et apprécie les phénomènes, phénomènes collectifs, souvent très distincts des phénomènes individuels. Les masses ainsi soumises à l'examen sont de plus en plus étendues et aussi de plus en plus organisées, elles tendent vers une unité à laquelle elles aboutissent. C'est dire que les degrés sont très nombreux. A ce stade, la science est *abstraite-concrète*. Enfin elle embrasse l'universalité des êtres soumis à son étude ; les diversités disparaissent, ainsi d'une tour élevée on n'aperçoit plus les détails du paysage. C'est la science au degré *abstrait ;* elle n'a plus rien d'*individuel*, elle n'envisage que ce qui est *général.*

C'est ainsi que procède la psychologie, de même que toutes les autres. Elle commence par étudier la mentalité de tel ou tel individu, naturellement de préférence des individus illustres ou singuliers, sur lesquels l'observation sera plus féconde ; elle prendra alors pour *substratum* principal la *biographie,* qui est aux *individus* ce que l'*histoire* est aux *masses*, elle s'aidera aussi de constatations physiologiques et anatomiques, mensurant le cerveau et la face. Elle se gardera alors de considérer l'individu dont il s'agit à un point de vue unique, elle l'étudiera dans son entier, car autrement l'observation serait faussée ; aussi cette science est-elle absolument *concrète.*

Puis, la psychologie ne se contente plus de l'individu, elle s'adresse à une collection, collection d'abord *idéale* et *subjective*. Elle s'occupera, par exemple, des hommes *homogènes* par leurs goûts, leurs habitudes, leur contact fréquent, sans qu'ils soient réunis par un lien proprement dit. Ainsi, elle étudiera tous les avares, notant leurs ressemblances et leurs différences. Ces avares ne possèdent point en commun un esprit collectif, mais on peut éliminer successivement les différences et aboutir à un type essentiel. Ce n'est pas tout, les hommes d'une même classe, d'une même profession sont distincts par bien des côtés, mais l'identité de classe ou de profession a imprimé à leur caractère un pli reconnaissable au même endroit. La psychologie sera déjà moins individuelle, elle deviendra *abstraite-concrète*.

Elle s'attaquera chaque jour davantage à des groupes plus nombreux, plus caractérisés et où un lien se sera formé, lien très instable, instantané souvent et faible, mais indéniable. Il s'agit, par exemple, d'une foule. Examiner tous les états d'âme de chacun des hommes rassemblés, et, additionner ces états les uns aux autres, n'équivaut pas du tout à constater l'état d'âme de l'ensemble de cette foule. Il a été remarqué souvent que ce dernier est inférieur à l'autre. Il en est de même dans une assemblée délibérante. Telle est la *psychologie dite collective*. Mais s'il y a un lien entre les hommes ainsi considérés, il n'y a pas encore d'organisation entre eux.

Cette *organisation* existe dans un groupement plus caractérisé, groupement plus nombreux, d'ailleurs, persévérant et qui traverse même les siècles. Il se peut que dans le présent le lien soit relâché ou même détruit, s'il s'agit, par exemple, d'un peuple dispersé, mais il existe toujours virtuellement, et sa force latente vient précisément de ce qu'il résulte d'un fait *naturel*, celui de la *race*. C'est d'ailleurs ce fait qui est seul à la base de la psychologie proprement dite ; le lien visible et actuel formant à son tour une sociologie collective.

Telle est la psychologie ethnique, celle qui nous intéresse ici. Elle est encore abstraite-concrète, plus concrète même qu'abstraite, car ce n'est qu'un peuple particulier qu'on envisage, à l'exception des autres, le français ou l'anglais. Cependant, on ne peut ensuite s'empêcher de les comparer, et alors cette psychologie s'élève à un degré plus abstrait.

Elle a son aboutissement dans une psychologie tout *abstraite* cette fois. Lorsqu'on a étudié la mentalité de beaucoup d'hommes individuels, de beaucoup d'hommes divers, mais *homogènes,* de beaucoup d'hommes *hétérogènes,* mais réunis par les amorces d'un lien social, de manière à former un ensemble, quoiqu'instable, amorphe, mais avec tendance à l'organisation, de beaucoup d'hommes réunis par un lien complet dans une société organisée, ou par un lien de nature généalogique, de manière à former une nation ou une race, lorsque, après avoir constaté, on a comparé ces hommes, ces groupes homogènes, ces groupes hétérogènes et instables, ces groupes stables et naturels, en annulant ou en expliquant les différences, en faisant ressortir les ressemblances, on obtient la psychologie de l'homme en général, de l'*homme abstrait*, la psychologie *proprement dite* et appuyée sur une base expérimentale et solide.

Tel est le *processus logique.* Il n'a pas été le processus historique, et c'est ce qui a fait d'ailleurs la faiblesse de la psychologie dans son ensemble.

On a commencé par où il fallait finir, par la psychologie abstraite, celle de l'humanité tout entière, de l'homme en général ; c'était et c'est la psychologie *classique.* Sans doute, les autres psychologies n'étaient pas tout à fait absentes, mais elles restaient latentes, on n'avait pas essayé de les extraire de la gangue de la biographie et de l'histoire. Ce sont les romanciers qui les premiers ont essayé (sur des personnages imaginaires, mais formés d'après des observations réelles) la *psychologie individuelle concrète.* Puis ont surgi successivement la *psychologie collective* et la *psychologie ethnique.*

Il en a été d'ailleurs ainsi dans toutes les sciences ; elles n'ont point commencé par l'observation, mais par l'application de principes d'une façon déductive. Aussi a-t-il fallu les recommencer plus tard toutes ou presque toutes en les reprenant par la base. L'explication de cette marche est simple ; les instruments de l'observation objective manquaient, l'élaboration subjective était seule à la portée. L'ordre historique est, pour ainsi dire, inverse de l'ordre logique. Tandis que la psychologie classique, abstraite, existe depuis fort longtemps, ce n'est que tout à fait dans ces derniers temps que les autres ont fait leur apparition. C'est Lebon et Sighele qui ont surtout fondé la psychologie collective. La psychologie ethnique est née plus tard encore ; Lebon en a tracé quelques règles, mais il n'en existe encore que des amorces. Après M. Fouillée, plus profondément un philosophe, M. Boutroux a fourni de remarquables essais de cette science dans deux ouvrages, l'un sur le peuple anglais, l'autre sur le peuple américain des Etats-Unis. Mais jusqu'à ce jour, on s'en est tenu aux nations ayant une *existence politique complète,* un *Etat,* des organes, une vie historique extérieure. Les deux éléments suivants sont restés complètement en dehors de la psychologie ethnique.

Tout d'abord celle-ci ne devrait point s'appliquer seulement aux sociétés organisées et politiques, dont l'étude est sans doute plus facile, parce qu'elles agissent et se laissent ainsi saisir de toutes parts, mais aussi aux sociétés non organisées politiquement, car si ces dernières sont inférieures d'un côté, elles sont supérieures de l'autre, en ce que leur constitution est naturelle, tandis que celle des autres est parfois artificielle. Les races proprement dites ont leur caractère marqué, plus encore que les nations. Elles sont assez nombreuses. Tantôt il s'agit de nations dispersées, et qui se sont survécu à elles-mêmes, comme races ; par exemple les Juifs ont un caractère ethnique très marqué, qu'il est assez facile de décrire, et cependant ils ne forment pas un corps de nation, n'ont depuis longtemps aucune existence politique. Il en est de même des Tziganes détachés de leur patrie hindoue, patrie cruelle qui en avait fait la caste des Parias. Les traits en sont très remarquables, et ils sont peut-être plus accusés que ceux des peuples organiques. Quelquefois la race, non parvenue à l'état de société distincte, ou déchue de cet état, n'est plus errante, elle reste sédentaire, mais déprimée, ou dépourvue de toute autonomie, ou subalternisée pour toujours, bien que n'ayant jamais eu de vie politique franchement indépendante. Dans cette catégorie on peut ranger la race celtique, successivement la propriété des Romains, des Saxons, des Anglais. Il y a là un terrain nouveau, inexploré, très intéressant pour la psychologie ethnique.

Ce n'est pas tout, une autre région de cette science nouvelle est encore tout à fait hors de vue. Il s'agit du *provincialisme*. Les groupements d'hommes, déterminés à la fois par la géographie et la race, ne sont pas uniquement des grandes nations comme la France, ou des petites, mais politiquement indépendantes, comme la Belgique ; ils ont des multiples et des sous-multiples. L'unité de la race totale n'est pas toujours la plus vivace et la plus sensible. Le point de départ est le village, paroisse ou commune, suivant les temps, c'est la cellule fondamentale. Les gens d'une paroisse ont, vis-à-vis de ceux d'une autre, un caractère commun très tranché, il en est de même aussi de ville à ville ; mais la différence est plus profonde de province à province, parce qu'alors la distinction géographique et d'habitation est toujours doublée de celle d'une variété dans la race. Il y a un caractère angevin, un autre auvergnat, très marqués ; bien plus, la différence psychique entre un Breton, un Normand, un Basque, est parfois aussi grande que celle entre un Italien, un Allemand et un Français. Il est vrai que, sans s'en apercevoir, si l'on ne change pas de nation, on change ici de race, ce qui dépasse le critère provincial. Mais il y a d'autres provinces, distinctes seulement par le provincialisme, la Provence, la Champagne, la Guienne, qui mériteraient de devenir l'objet d'une psychologie provinciale proprement dite. La seule tentative de psychologie de ce côté a consisté à recueillir le folklore de chaque province, à étudier les patois, et à colliger les poésies de clocher de chacune d'elles. Ce sont là des matériaux utiles, mais non encore une construction.

Certaines psychologies ethniques tiendraient, nous venons de le faire pressentir, le milieu entre celle ethnique proprement dite et celle provinciale ; il en est ainsi lorsque telle province est habitée par une race tout à fait distincte de celle du reste du pays. Tel est le cas en France pour le pays basque, le pays flamand, le pays normand, et surtout le pays breton. Le point de départ est alors le provincialisme, mais ce provincialisme est dépassé.

Dans ce cas, il est assez rare que la race formant province chez une nation ne s'étende pas au-delà et n'ait pas quelque ramification dans un pays limitrophe ou rapproché. Il s'agit d'une race qui n'existe que par tronçons, lesquels cherchent à se rejoindre, mais pas toujours. Par exemple, les Basques ont leur habitat à la fois en deçà et au delà des Pyrénées ; les Flamands de France peuvent donner la main à ceux de Belgique et avec eux rejoindre le pays hollandais ; beaucoup de Slaves d'Autriche plongent jusque sous la Hongrie, les Grecs s'étendent bien au delà de leurs frontières politiques ; les Polonais, depuis leur démembrement, appartiennent à trois empires ; enfin, la Bretagne armoricaine, province française, tend les bras à travers la Manche à ses nombreux frères de l'Angleterre, ou plutôt de la Grande-Bretagne. Il y a alors une contradiction formelle entre la race et la nation, la seconde détruit la première, mais aussi on ne peut considérer l'un des tronçons de l'une comme une simple province, ce serait dénaturer son caractère.

Parfois il se forme une unité plus grande que la province, mais plus petite que la nation ; il semble que celle-ci cherche à se scinder en deux parties et à enfanter deux nations distinctes, par une sorte de scissiparité ; en général, c'est entre le nord et le sud que cette disjonction apparaît, on pourrait en citer de nombreux exemples. En Amérique, aux Etats-Unis, le Nord et le Sud ont des caractères bien différents et qui se sont traduits par la guerre de sécession. Dans l'Allemagne ethnique, la Prusse et l'Autriche forment ces deux pôles opposés. Ils se marquent ailleurs dans la répartition du pays flamand, entre la Belgique et la Hollande. En France, depuis quelque temps, la différence entre le Nord et le Midi s'est fort accusée, sans intention séparatiste, il est vrai, mais avec un grand désir d'autonomie intellectuelle et d'égalité. Le Midi dans son ensemble a pris part au mouvement félibrige, tout psychologique, non encore, non jamais peut-être sociologique, mais qui possède cependant une grande force. Ce serait un hors-d'œuvre d'indiquer les causes multiples de ce mouvement. Il est certain que la psychologie du Français du Nord est très distincte de celle du Français du Midi dans l'ensemble ; Alphonse Daudet l'a très finement tracée par voie de caricature, on pourrait le faire profondément par voie scientifique. Et cependant la race du Midi est identique à celle du Nord, ou plus exactement, car on l'a dit souvent avec beaucoup de raison, il n'existe pas de race française, le mélange est tel qu'on ne peut ici trouver de critère anthropologique.

Le mouvement félibrige a été le point de départ de la résurrection de tous les patois, c'est dire que le provincialisme n'est devenu sérieux, comme l'ethnisme lui-même, ainsi que nous le verrons plus tard, que par une mise en relief ou une résurrection des dialectes et des langues. Sans l'existence du provençal ou s'il était moins distinct du français, sans la langue d'oc qui avait autrefois contrebalancé la langue d'oïl, les velléités d'autonomie psychique auraient vite disparu. Dans toute l'Europe, c est aux sons de l'idiome national seul qu'on a pu ressusciter les peuples morts.

Telle est la psychologie ethnique, telle sa place parmi les diverses branches de la psychologie, telle son apparition dans la science. Elle est encore embryonnaire quand il s'agit des nations, d'usage totalement inconnu quand il s'agit des races proprement dites ou des provinces. C'est précisément à une province, la Bretagne, à une race, la race celtique, province et race des plus curieuses, que nous voudrions aujourd'hui l'appliquer.

Cependant la psychologie n'est pas ici seule en jeu, mais aussi la sociologie. Tandis que la psychologie est la science de la mentalité, surtout de la mentalité humaine, la sociologie est celle de la société. La seconde a nécessairement la première pour base, car la société humaine se compose d'hommes comme éléments. Lorsqu'il s'agit d'une collection de ceux-ci, ils peuvent d'ailleurs être considérés psychologiquement, c'est-à-dire en eux-mêmes, ou sociologiquement, c'est-à-dire dans leurs rapports respectifs. La sociologie comporte la description des sociétés dans leur constatation interne et externe et dans leurs relations entre elles, dans la comparaison de ces sociétés et dans la recherche des lois scientifiques qui en dérivent.

Comme la psychologie, elle s'élève du concret à l'abstrait en passant par des degrés intermédiaires, c'est-à-dire qu'elle commence par l'observation des éléments les plus simples pour aboutir à celle des plus nombreux et des plus complexes, en généralisant de plus en plus.

Cependant le point de départ n'est pas tout à fait le même; il n'y a ici de sociologie ni de tel individu particulier, ni de l'individu en général (une telle sociologie existe peut-être, mais dans un tout autre ordre d'idées que nous ne pouvons aborder ici) ; il n'y a pas non plus de sociologie des individus homogènes, ni même des collectivités amorphes ne constituant pas une société organique, ou du moins, pour elles la psychologie et la sociologie se confondent, et c'est à bon droit qu'on dit alors : psychologie collective et non : sociologie collective. La sociologie proprement dite ne commence qu'à la société. Mais alors elle possède aussi plusieurs étages en d'autres points ; son domaine se divise en cercles concentriques.

Ce domaine tout d'abord est restreint à la famille, au couple humain avec les enfants qui en sont issus, puis il s'étend à la famille artificielle ou clan, pour passer à la tribu et à la nation chez les peuples primitifs. Chez les civilisés, il part de la famille encore, pour parcourir les cercles successifs de la commune, de la province, de la région, du pays tout entier.

Ce qui importe ici c'est son point d'application. La *sociologie concrète* étudie telle famille, telle commune, telle province, tel empire, en particulier; on fait abstraction de tous les autres, pour ne s'occuper que de celui qu'on envisage, ainsi qu'on le faisait dans la psychologie lorsqu'il s'agissait de tel individu ou de tel peuple. De là on passe à l'étude d'un groupe de peuples, c'est-à-dire de ceux qui ont entre eux des relations géographiques ou historiques, ce qui entraîne une comparaison, de même que dans la psychologie au même degré on examinait un groupe d'individus, c'est le *stade abstrait-concret*. Enfin, après ces études préliminaires, on écarte les sociétés particulières pour ne plus s'occuper, d'après les données recueillies, que de la société *in abstracto*, de la société générale au-dessus des types particuliers de tout à l'heure.

Il y a une coïncidence entre le degré de la psychologie qui s'applique à une race ou à une nation et celui de la sociologie qui s'applique à la même; dans les deux cas on est loin de l'abstrait et on reste dans le concret; cependant il existe une certaine différence et on se trouve à un degré plus élevé, plus abstrait ici sur l'échelle sociologique, parce que le point de départ de la sociologie est plus élevé lui-même. En tout cas, ce qui est en jeu est toujours l'*ethnisme* qui donne à la fois la *psychologie ethnique* et la *sociologie ethnique*.

Les deux se tiennent d'ailleurs par un lien très étroit. Tous les traits de la psychologie ethnique se retrouvent dans la sociologie du même nom. Si dans l'histoire la vie d'un peuple a été faible et sa destinée malheureuse, c'est souvent dans sa psychologie qu'on en découvre la cause. *Le caractère, s'il ne fait pas toute la destinée, en crée une partie.* Si les Romains ont conquis le monde, ils le doivent à la force de leur volonté, et non pas seulement aux événements. De même, les races déchues doivent leur disparition souvent à la déformation de leur caractère. Cependant il faut distinguer ces deux faces de l'ethnisme. Il est même probable, en effet, qu'à l'encontre apparente de ce que nous venons de dire, les qualités psychologiques qui ont fait briller les individus ou les nations à l'intérieur, sont précisément, au point de vue sociologique, des vices qui ont amené fatalement leur perte.

Mais qu'est-ce au juste que l'ethnisme ? Est-ce un élément réel et précis, ou une simple idée verbale ? Dans le premier cas seul, psychologie et sociologie ethniques ont un fondement. De grandes difficultés semblent d'abord arrêter la réponse. Sans doute, la nation est souvent distincte de la race, elle peut même en être la négation. Doit-elle alors compter à ce point de vue ? L'Autriche-Hongrie, par exemple, la Turquie, renferment les races les plus diverses en un seul Etat. Peut-il y avoir une psychologie ethnique autrichienne ou turque ?

Oui, sans doute, mais il faut s'entendre ; une telle psychologie ne s'adressera qu'à la partie allemande ou à la partie osmanlie de chacun de ces deux empires et non aux autres. Celles-ci auront leur psychologie spéciale, soit n'appartenant qu'à elles, soit commune avec d'autres tronçons de leur race.

Mais une objection surgit toute différente et pour ainsi dire contraire. Il n'existe pas de véritable race anthropologique reconnaissable ; toutes sont mêlées, et alors comment fonder sur elles une psychologie ethnique? Cependant souvent ces races mêlées forment un tout très homogène. Quoi de plus frappant que le type français? Il se distingue de l'anglais et de l'allemand à première vue, et cependant il y a une nation française, mais pas de race française. Donc, c'est l'unité politique qui compte, et il y a une psychologie, mais pour chaque Etat politiquement existant. Il faut substituer à l'idée de *race* celle d'*unité géographique*.

L'objection est spécieuse ; elle eut d'ailleurs un but intentionnel, celui de détruire ce qu'on appelait le droit des nationalités, fondé sur la race. Chacune des races, dans le droit interethnique proposé, pouvait revendiquer sa parfaite indépendance et, pour y parvenir, la carte de l'Europe était à refaire. Cette idée avait été d'abord accueillie avec enthousiasme, mais on ne tarda pas à faire remarquer que la base, si profonde en apparence, était fausse en réalité, puisqu'il n'existe pas de races pures et que des mélanges se sont partout produits.

L'objection ne pouvait rester sans réponse ; si elle eût été vraie, il y aurait bien eu une psychologie et une sociologie de nation, non une psychologie et une sociologie de race, mais on pressent qu'elle n'est pas exacte, qu'une race se distingue bien de l'autre, même dans un Etat unique, par de très hautes barrières, et qu'il faut trouver entre toutes ces idées une conciliation non conventionnelle, mais réelle. Elle existe en effet. Loin de rester pures, les races, surtout celles apparentées, fusionnent souvent, sous l'empire du temps et de l'espace ; l'élément géographique, l'élément historique peuvent parvenir à les fondre, mais non toujours ; il y en a de réfractaires et d'autres, pour ainsi dire, de densités différentes qui restent superposées les unes aux autres. En cas de fusion, il se produit une race nouvelle née du mariage des races en présence, et cette race en est une véritable, capable, comme telle, de psychologie et de sociologie privatives. Ces races de *seconde main* forment les nations, mais ce sont des nations naturelles, bien distinctes de celles hystérogènes, qui ne sont que des nations apparentes.

Comment reconnaître qu'une nation, une race nouvelle s'est ainsi formée ? Il y a beaucoup d'indices ; on peut apercevoir les points de soudure et les amorces de combinaison. Une religion unique, une littérature, des coutumes unifiées, des intérêts extérieurs communs l'annoncent. Mais c'est d'un seul coup d'œil que cette homogénéité primitive ou hystérogène doit être découverte, et non au bout de ces longues explorations. La pierre de touche est le langage, c'est le critère le plus sûr, en même temps que le plus facile. S'il existe un langage absolument uniforme sur divers points d'un pays, soit à la ville, soit à la campagne, c'est qu'il y a unité parfaite et que, si l'on n'a pas affaire à la même race, c'est au moins comme si l'on y avait affaire ; s'il n'existe que des différences dialectales, c'est qu'on est en présence de la même race encore, mais de plusieurs de ses variétés ou de ses mélanges ; s'il s'agit de langues totalement différentes, c'est qu'on a rencontré tout à fait deux races.

On peut en tirer hardiment la conclusion suivante: *c'est le langage qui est le critère,* non toujours de la race primitive, mais, tout au moins de la race dérivée née de la fusion définitive de races différentes. C'est lui qui établit la race *au point de vue pratique*. Dès lors, le principe des nationalités se trouve expliqué et justifié ; ce n'est pas, d'ailleurs, ce qui nous occupe ici, mais on peut établir sur cette base la psycho-sociologie des races.

2

Cela est si vrai que tous les efforts d'un peuple conquérant pour faire disparaître les restes d'autonomie des peuples conquis et englobés, lorsqu'ils n'emploient pas les moyens violents de l'expulsion du territoire, ou de l'introduction d'éléments contraires (germanisation, slavicisation, etc.) portent sur la destruction du langage. Si ces efforts réussissent, ce qui reste d'indépendance est perdu ; s'ils échouent en partie, et ils réussissent difficilement, car le langage est tenace, tout espoir n'est pas perdu de la résurrection du peuple vaincu. Le langage se réfugie souvent au fond des campagnes ou sur les monts, comme en des lieux inexpugnables. Parfois il en redescend. On peut le comparer à cette rose de Jéricho qu'un peu d'humidité fait revivre, et à ces graines trouvées dans les pyramides qui traversèrent, dit-on, les siècles sans avoir perdu leur vertu germinative. Aussi, lorsque des patriotes veulent faire revivre une race qui n'est plus consciente d'elle-même, leur premier soin est de ressusciter la langue. Ils la cultivent en serre chaude, et lorsqu'elle s'est développée, la répandent partout, l'ornent d'une littérature nouvelle, d'abord artificielle, et remettent en souvenir les traditions et le vieux folk-lore qui suivent le langage. Telle est l'importance ethnique de celui-ci, importance que nous ne pouvons qu'indiquer en ce moment et sur laquelle nous reviendrons.

Tels sont les principes de la *psycho-sociologie ethnique*. Dans la présente étude, nous en essaierons l'application à la race bretonne et celtique.

Cette application n'a pas encore été faite jusqu'à ce jour, c'est ce qui nous a inspiré le désir de l'entreprendre. Cela n'a rien d'étonnant, puisque la psychologie ethnique n'en est qu'à ses débuts et n'a embrassé ni les provinces, ni les races proprement dites, se cantonnant aux nations organisées. On a, il est vrai, étudié les éléments qui peuvent servir de fondement à cette psycho-sociologie ethnique, de même que l'histoire sert de fondement à la sociologie ordinaire, mais on n'est pas allé au-delà ; l'âme celtique, dans son ensemble, n'a pas été explorée, quoi qu'on en ait observé sporadiquement un certain nombre de traits.

Nous étudierons, dans la présente monographie seulement la *psychologie* de ce peuple, réservant sa sociologie pour une prochaine étude.

La race celtique possède-t-elle une véritable unité anthropologique ? Il semble bien que non. La Gaule ancienne portait deux races distinctes, celtiques cependant toutes les deux et confondues sous l'appellation de Gauloises, mais ayant des caractères physiques bien distincts : les Celtes Gaëls, blonds et grands ; les Celtes Kymris, bruns et de taille petite, répandus aussi sur le sol de la Grande-Bretagne, les premiers dominaient au nord de la Loire, les seconds au sud ; mais ils se fondirent, ou, ce qui est plus exact, ils formèrent deux variétés de la même race, l'une d'elles étant peut-être le résultat d'un métissage ; leur langue n'est connue que par des noms géographiques et par quelques inscriptions. Du reste, la Gaule fut entièrement romanisée, même l'Armorique, et l'on ne peut trouver à observer aujourd'hui sûrement la race celtique qu'à l'extrémité de la Bretagne armoricaine et en Grande-Bretagne, dans la partie de celle-ci non germanisée. Le bloc, interrompu par la Manche, comprend la province de Bretagne avec ses cinq départements, la Cornouaille anglaise, le pays de Galles, l'Irlande, l'Ecosse, l'île de Man ; nous ne parlons pas en ce moment des colonies celtiques récentes, il faut cependant citer tout de suite celle très importante fondée aux Etats-Unis.

Tous ces pays, séparés par les distances et les mers, forment un groupe ethnique compact, le groupe celtique; la race y est restée pure, fort peu mêlée aux races voisines; nous verrons que, politiquement, la situation est différente et qu'il existe une grande dispersion. Cependant, comme autrefois en Gaule, la race se divise encore en deux parties, les Celtes Gaëls, ceux de l'Irlande, de l'Ecosse, de Man, et les Celtes Kymris, ceux de la Cornouaille, du pays de Galles, de l'Armorique. Non seulement ils sont physiologiquement distincts, mais leur caractère présente des différences. En outre, ce qui est important, quoique toutes les langues de ces peuples soient celtiques et puissent se ramener, grâce aux progrès de la linguistique, à une langue proethnique commune, cependant elles forment deux groupes à leur tour, coïncidant avec ceux que nous venons d'indiquer. Le breton armoricain est presque identique avec le cornique d'Angleterre; il est distinct du gallois, mais s'en rapproche singulièrement. Autrefois, il y a eu identité entre ces trois idiomes, qui ont divergé depuis. Au contraire, la branche irlandaise-écossaise est éloignée. On a prétendu que, dans une circonstance récente, les Celtes d'Armorique et ceux d'Angleterre ont pu se comprendre. En 1859, un navire anglais aurait fait naufrage sur la presqu'île de Quiberon; l'équipage fut conduit à Sarzeau, près de Vannes; parmi eux se trouvait un Gallois, il comprit le breton, cela est fort possible entre Bretons et Cornouaillais; entre Bretons et Gallois, cela nous semble très difficile; mais entre eux et Irlandais, c'est tout à fait impossible, car il y a presque autant de différence entre le breton et l'irlandais qu'entre le latin et le grec. Cependant, si les vocabulaires diffèrent, au moins sous leur aspect actuel, l'âme du langage, la grammaire, est fondamentalement semblable partout, et c'est l'essentiel. On peut donc, sans tenir compte de ce dualisme, étudier d'ensemble le caractère celtique, sauf à différencier quelques points; l'unité ethnique n'est pas entamée.

Cependant, en ce qui concerne la Bretagne armoricaine, une observation à ce point de vue est nécessaire. Son étendue géographique est assez grande, mais il n'y a pas chez elle homogénéité parfaite ; il existe ici un nouveau dualisme. Tandis qu'en Grande-Bretagne la place des peuples celtiques et l'étendue de cette place correspond à l'extension de leur idiome, notre Bretagne historique se scinde en deux parts bien marquées, la haute et la basse Bretagne. Dans la première, qui comprend l'Ille-et-Vilaine, la Loire-Inférieure et une partie des Côtes-du-Nord et du Morbihan, il n'y a pas trace d'idiome celtique ; on parle le français, et comme patois provincial, le gallot; dans la seconde, la langue bretonne règne; elle se subdivise, il est vrai, en quatre dialectes, parmi lesquels deux principaux, mais ce n'est pas là-dessus qu'il faut appeler l'attention. Ce qui importe, c'est la distinction entre la Bretagne bretonne, dite bretonnante, et la Bretagne française. Nous verrons plus loin combien cette division retire de force au mouvement breton. Chose remarquable, c'est non la Bretagne proprement dite, mais la Haute-Bretagne qui a toujours eu l'hégémonie provinciale.

D'où vient cette division de l'Armorique ? La cause en est historique et en même temps ethnique. L'Armorique, croit-on, ainsi que le reste de la Gaule, s'était entièrement romanisée, il n'y avait plus trace de langue gauloise. Mais, au IVe siècle, des Bretons d'Angleterre, chassés par les Saxons, vinrent s'établir sur ses rivages en une conquête pacifique ; ils ne se répandirent point dans toute la presqu'île, mais seulement un peu au-delà des régions où l'on parle aujourd'hui le breton, leur langue, qu'ils avaient apportée avec eux. C'est ce qui fait que l'Armorique se divise en Haute et en Basse-Bretagne, distinction profonde et dont il faut toujours tenir grand compte.

Il le faut d'autant plus qu'il en résulte une différence complète de langage. Le celtique n'est parlé et même compris que dans la Basse-Bretagne seulement. Dans la Haute-Bretagne, on peut l'apprendre, mais comme on apprendrait l'allemand ou le grec.

Cependant, si l'on tient compte, non seulement de l'état actuel, mais aussi de la succession historique, on voit qu'il faut plutôt diviser l'Armorique en trois parties : l'une où n'a jamais régné que le français et, comme patois, le gallot ; l'autre à l'opposite, où la langue bretonne est parlée encore partout dans les campagnes, et, enfin, une zone intermédiaire où elle était partout comprise jusqu'au IXe siècle et d'où elle a disparu peu à peu depuis. C'est M. de Courson qui a su tracer nettement cette zone d'après le *Cartulaire de Redon*.

La bande où l'on a toujours parlé français et où, par conséquent, les insulaires n'ont pas dû pénétrer, comprend une bande très mince orientale touchant la Normandie et descendant de là successivement vers le sud, de Saint-Hilaire à Louvigné, Fougères, Vitré, Châteaubriant, Ancenis, Nantes et Paimbœuf.

La bande intermédiaire d'où le breton a progressivement disparu joint la précédente et en est séparée par une ligne qui part au nord du Mont-Saint-Michel et traverse Pontorson, Pleine Fougères, Combourg, Hédé, Montfort, Mordelles, Bruz (près de Rennes), Bain, Derval, pour aboutir à Savenay et à Saint-Nazaire, en face de Paimbœuf.

La même bande a pour limites orientales touchant au pays bas-breton une ligne partant au nord de Plouha, de Saint-Quay et passant par Plouagat, Saint-Nicolas-du-Pelem, Mûr, Rohan, Elven, Musillac et se terminant à l'embouchure de la Vilaine. Elle comprend Saint-Malo, Dinan, Saint-Brieuc, Loudéac, Ploërmel et Redon.

Nantes et Rennes restent dans la zone où l'on a toujours parlé français.

Si l'on voulait établir par une gradation la force de l'élément celtique, on pourrait la graduer ainsi :

1° Haute-Bretagne, d'où nous verrons que la langue a disparu, ainsi que les mœurs, et où il ne reste que l'ensemble du caractère ; 2° Cornouailles, dans la même situation ; 3° Basse-Bretagne, où toute idée séparatiste est écartée ; 4° pays de Galles ; 5° Ecosse et île de Man ; 6° Irlande, où l'idée d'autonomie est le plus vivace.

C'est dans l'ensemble de ces pays que nous devons étudier la psychologie de la race celtique.

Cette psychologie se traduit par certains faits communs qui subsistent malgré les différences, non seulement individuelles, mais sub-ethniques, nées aussi bien des subdivisions de races que des milieux différents. C'est ainsi que l'Irlandais a un esprit plus léger, plus vif, plus inconstant que le Breton ; il représente l'élément Gaël vis-à-vis de l'élément Kymri ; il ne possède pas non plus tous les mêmes traits physiologiques, mais, à une certaine distance, cette variété se fond en une unité, et d'ailleurs les traits communs sont si forts qu'ils dominent tout le reste.

Quels sont ces traits ? Nous allons les parcourir, contre l'habitude, sans gradation ascendante ; au contraire, en commençant par les plus caractéristiques, au moins, en apparence.

1° *Caractère religieux*

Au premier abord, c'est ce qui frappe le plus, l'Irlande orthodoxe attire les regards de tous comme telle. « Catholique et breton », voilà deux mots qui semblent indissolublement unis. C'est même un lieu commun de parler de la religion des Irlandais ou des Bretons. La Bretagne française est par excellence le pays des monastères d'hommes et de femmes, c'est celui de l'influence la plus grande du clergé. Les calvaires, les pèlerinages s'y accumulent, souvent aussi les vénérations superstitieuses. C'est la *province des miracles*. La profession de marin, à la fois réaliste et mystique, a contribué à conduire la mentalité dans cette direction. Le ciel sombre, la nature sauvage y mènent aux idées de même nom et souvent mortuaires. Les pardons armoricains sont devenus célèbres. Aujourd'hui encore que les idées religieuses ont perdu de leur force, elles sont là précieusement conservées. Enfin, dans les fameuses guerres de l'Ouest, la chouannerie solidaire de l'insurection vendéenne a prouvé l'influence énorme que le catholicisme y a exercée à travers l'histoire. D'autre part, l'Irlande a levé et tenu le drapeau religieux orthodoxe contre la protestante Angleterre ; elle a souffert des persécutions et scellé de son sang ses croyances, à une époque où l'on ne s'attendait plus à de nouveaux martyrs. Aussi l'opinion publique ne se trompe pas, au moins en bloc, et partout le Breton est considéré comme l'orthodoxe par excellence, celui dont toute la conduite est mue par la foi religieuse absolue. Il est vrai qu'on l'en accuse souvent comme d'un défaut, presque d'un vice, en attribuant cependant à ce défaut les vertus qui en sont ou en paraissent le corollaire, la sincérité, la fidélité, la probité extrême, mais aussi les travers qu'on a coutume d'y associer.

Eh bien! on ne peut dire que cette opinion du caractère religieux soit erronée en somme, mais, nous espérons le démontrer, elle a le tort de ne tenir compte d'aucune nuance et, par conséquent, d'empêcher de pénétrer jusqu'au fond de la mentalité bretonne, où l'on ferait même, à ce sujet, d'autres découvertes. Si on la suivait exactement, l'Armorique et l'Irlande seraient simplement des pays très orthodoxes, comme l'est encore l'Espagne, comme l'est et surtout l'a été l'Italie, comme le fut l'ancienne France, tenant au Dieu du christianisme, à ses dogmes, à ses mystères, n'ayant connu l'idée religieuse que par lui, et devant la perdre à tout jamais si elle venait à le perdre. Une analyse plus nette fait toucher la fausseté d'une pareille idée.

Elle est même fausse de plusieurs manières.

Tout d'abord la religiosité des Celtes n'a point attendu pour naître la venue du christianisme parmi eux; elle lui est de beaucoup antérieure. Ainsi que le reste des Gaulois, et peut-être plus qu'eux, les Armoricains professaient la religion druidique ; ils avaient même dans l'île de Sein un collège de prêtresses. Or, cette religion ressortait, dans l'ensemble du paganisme, par un caractère tout particulier ; elle était plus mêlée à la vie quotidienne, et aussi plus austère, que la riante mythologie gréco-romaine, ses fidèles s'y adonnaient davantage. Des dogmes mystérieux, comme celui de la survivance suivie de mésentomatose, y avaient cours. Des sacrifices humains venaient couronner l'œuvre terrifiante. Une hiérarchie curieuse d'intermédiaires entre la divinité plutôt monothéiste et l'homme venait satisfaire les tendances du caractère breton. Au-dessous des Druides et des Ovates apparaissaient les Bardes, poètes et chanteurs, qui représentaient l'art, l'art libre, l'inspiration, sans investiture régulière, ce que nous rattacherons à un autre point de la mentalité bretonne, mais ce qui établit dès maintenant le lien religieux d'une sorte particulière qui s'était formé. Cependant, ce qui est très remarquable, le Breton eut fort peu de peine à quitter le druidisme pour le christianisme, ce qui prouve que son état d'âme primitif avait été orienté par une religion plus ancienne que la religion druidique, plus élémentaire, et qui convenait mieux à sa tournure particulière d'esprit ; cette religion a aussi survécu davantage à travers le christianisme. Quelle est-elle ?

Dans un ouvrage profond, un éminent mythologue, Frazer a établi qu'avant la *religion proprement dite,* chez tous les peuples a existé la *magie* expressive, qu'il ne faut pas confondre avec le *fétichisme,* quoique fétichisme et magie aient pu régner en même temps. Dans la magie, l'homme peut ne croire ni à un dieu unique, ni à une série de dieux polythéistes, mais seulement à des *lois de la nature.* Quelle sont ces lois ? Régissent-elles le présent et l'avenir de l'homme ? Peut-on les mettre à profit par des actes volontaires ? Voilà ce que recherche en définitive aujourd'hui la science. Elle poursuit de sa découverte quelques-unes de ces lois de l'univers. Lorsqu'elle y réussit, elle en fait au fur et à mesure des applications utiles. Sa méthode est d'ailleurs excellente, celle de l'observation et de l'induction. Mais autrefois cette méthode était ou paraissait impossible ; on avait hâte de parvenir au résultat. Il a longtemps semblé que le procédé fût alors la foi religieuse, on supposait la clef trouvée, et on ouvrait le mystère, mais c'était purement subjectif. L'homme n'eut-il pas plus primitivement la pensée d'avoir un résultat objectif, vérifiable, aussi vérifiable que celui que donne la science, mais à moins de frais et en moins de temps. Telle fut sa pensée en effet. Il crut que les forces du monde étaient réglées par certaines lois, que ces lois consistaient dans des formules dont l'homme pouvait se rendre maître, et qu'ainsi, au lieu d'obéir à une divinité personnelle ou latente, il pourrait lui commander. Telle était la magie, elle est à la science ce que l'astrologie fut à l'astronomie, l'alchimie à la chimie, un précurseur et parfois un indicateur. Dans un ouvrage d'ensemble, de titre paradoxal, mais très juste, *la réhabilitation de la magie*, M. Goblet d'Alviella a bien mis cette idée en relief. La magie fut, non pas la religion la plus ancienne, mais la *préreligion* du genre humain. Elle était même, ce qui est très singulier, tout à fait contraire à l'idée religieuse proprement dite; elle ne se basait point sur la foi, mais sur la recherche, quoique faite par une méthode mauvaise; elle était impie en ce qu'elle forçait la divinité à comparaître sans son gré ; aussi la religion la combattit-elle le plus possible, en particulier, le christianisme.

On a cru longtemps que celui-ci avait favorisé les superstitions, or les superstitions sont précisément des survivances magiques, et on le croirait encore en présence de ses sanctuaires et de ses miracles. Mais on est revenu de cette erreur. Rien de si différent que la croyance en la volonté raisonnée et morale d'un dieu personnel, et celle en des forces mécaniques, quoique cachées, dont on recherche les lois mystérieuses, quoique par des procédés puérils. Aussi le christianisme a-t-il combattu non seulement les doctrines des théistes antérieurs, en renversant les idoles, mais aussi les superstitions préhistoriques qui ne pouvaient que lui nuire. Mais dans cette lutte il ne put pas toujours triompher.

La magie était ancrée en l'esprit du peuple, tellement qu'elle y existe encore aujourd'hui. Là où la religion proprement dite ne put les vaincre, l'Eglise a souvent pris pour son propre compte ces superstitions en les transformant, c'est ainsi que non seulement elle s'est approprié les fêtes de paganisme, mais a placé des sanctuaires, objet de pèlerinage, là où existent des fontaines magiques. Lorsqu'elle n'a pas voulu le faire, que l'assimilation était trop compromettante, elle a converti cette magie en religion inférieure, démoniaque, en une sorte de religion du mal, incorporation qui eut le résultat de lui donner un esprit dualistique. La magie souvent bienfaisante dans ses intentions, la magie blanche est devenue une magie noire livrée à Satan. Mais malgré ces efforts, elle a souvent survécu indépendante. En Bretagne les fées, les nains n'ont pas été tout à fait exorcisés ; les Bretons en parlent avec complaisance, comme d'un fruit délicieux défendu, les premières sont parfois de bonnes marraines, et Viviane conserve quelques sympathies au fond de leur cœur.

C'est cette religion magique qui continue de faire le fond de la religion bretonne. Elle est antérieure non seulement au christianisme, mais au druidisme, peut-être existait-elle au temps des mégalithes, mais à cette époque ils est probable que les Celtes n'avaient pas encore achevé leurs migrations antérieures.

Les Bretons se préoccupent beaucoup plus de ces superstitions que de la religion proprement dite, et on devrait y prendre garde, lorsque l'on dit purement et simplement qu'ils sont le peuple religieux. Merlin et Viviane personnifièrent chez eux cette pensée, que les fées et les nains continuent dans le détail (Korrigans et Duz). Ce nom de Merlin fut connu des Celtes de l'Irlande et de Galles aussi bien que de ceux de l'Armorique. C'est l'enchanteur, celui qui emploie les formules lesquelles rendent maître de la divinité, il n'a rien de chrétien ; loin d'être un précurseur, c'est plutôt un adversaire. Il en est de même de Viviane, devenue enfin satanique, conservant seulement un vestige de sympathie bretonne. Quant aux fées, elles participent de leur époque. Les Korrigans prédisent l'avenir, savent l'art de guérir les maladies incurables par des paroles qu'elles connaissent seules, prennent la forme de divers animaux ; elles célèbrent tous les ans une grande fête ; à la fin du festin une coupe circule renfermant une liqueur dont une seule goutte rend aussi savant que Dieu. On les rencontre près des fontaines et des dolmens dont la Vierge, leur plus grande ennemie, dit-on, ne les a pourtant pas chassées. Elles ont une grande haine pour le clergé et la religion qui les a confondues avec les esprits de ténèbres ; le son des cloches les met en fuite. L'Eglise en a fait des êtres malfaisants, leur souffle est mortel, elles jettent des sorts, et volent les enfants des hommes. On voit d'après ces données quel est leur caractère équivoque, comment elles ont été déchues avec la magie elle-même, quoique le peuple ait peine à les croire tout à fait malfaisantes. Les nains ou *duz*, enfants de fées, sont moins favorables, ils sont laids, habiles forgerons, faux-monnayeurs, sorciers, devins, magiciens et prophètes ; on leur attribue la même haine qu'aux fées contre la religion.

Telles sont les *survivances* de l'état religieux primordial dans les esprits celtiques, ce sont celles qu'on relate tout d'abord, mais d'autres qui se sont intimement unies aux croyances chrétiennes sont plus pratiques. Beaucoup de Bretons ignorent maintenant le nom de Merlin, que des lettrés doivent leur apprendre, et les fées n'apparaissent que dans les contes. Mais partout les vieilles superstitions objectives, celles qui sont liées à tel lieu ou à telles cérémonies apparaissent. C'est à elles qu'il faut rattacher les très nombreux sanctuaires de saints, d'autant plus que, comme nous le verrons bientôt, ces saints n'appartiennent pas, pour la plupart, au calendrier romain. Nous pouvons citer plusieurs faits typiques, entre autres la ronde des feux de Saint-Lyphard, où l'on simule un sacrifice humain, la coutume de vouer à saint Yves les ennemis dont on désire la mort, les batailles sacrées en l'honneur de saint Gelvest, la mode consistant pour les hommes et les femmes à se frotter au menhir libidineux de Saint-Maurice-des-Bois, la pierre de Saint-Cado, qui guérit les sourds, la roche branlante de Trégunc, qui dément ou confirme les soupçons d'un mari (*men dogan*); le signe de tu-pe-zu (côté ou autre), où l'officiant fait tourner à l'élévation la roue du destin, le pèlerinage de Saint-Yves, à Trédarzec, près de Tréguier, où l'on demande la mort d'un ennemi, en employant des formules magiques. Ce dernier cas est des plus curieux : le pèlerinage s'accomplit de pied et la nuit, l'impétrant voue son ennemi au saint, dans un délai imparti, ordinairement de neuf mois, on récite trois Pater et trois Ave à rebours; ce qui est le plus remarquable, c'est que cette sorte d'envoûtement soit encore usité aujourd'hui.

Nous n'en finirions pas, si nous voulions noter toutes ces survivances; nous avons voulu donner quelques exemples seulement. Leur nature magique est évidente. Elle se corrobore par le but avoué du culte des Saints. Sans doute, nulle part ce culte n'est désintéressé; on en attend en retour des bienfaits, des avantages temporels, surtout la guérison des maladies. Mais on s'adresse ici à l'ensemble de ces êtres supérieurs et plus heureux ; il y a des saints, il est vrai, qui se spécialisent, se cantonnent à tel ordre de bienfaits ; bien plus, le même a plusieurs sanctuaires, et dans l'un il n'accorde pas les mêmes grâces que dans les autres, il se multiplie ainsi, pour ainsi dire, et s'individualise de plus en plus. En outre, cette foule de saints devient presque une foule de demi-dieux qui obscurcissent un peu la divinité officielle et centralisée. Mais chez les Bretons, surtout chez les Armoricains, ce système atteint sa plus grande intensité. La religion devient de plus en plus intéressée, ce qui est le contraire de la religion proprement dite, nulle part le principe du *do ut des* n'a agi d'une manière plus énergique, ce n'est plus la récompense d'outre-tombe qui préoccupe, mais celle immédiate. M. de la Villemarqué a raconté que se promenant un livre à la main, près de Quimper, il fit la rencontre d'un paysan breton qui lui demanda si c'était la Vie des Saints qu'il lisait, et sur sa réponse affirmative, le paysan lui demanda la vie de quel saint, et à quoi ce saint était bon. Voilà un mot fort caractéristique. Partout le paysan est pratique, mais le mélange de cette qualité ou de ce défaut avec une religion exaltée paraît singulier, il faudrait en effet, dresser une longue liste si l'on voulait savoir comment chaque saint est profitable en particulier ; saints et saintes sont en concours, mais sans se faire concurrence, et ils n'empiètent pas sur leur domaine respectif : on invoque contre la fièvre sainte Henora ; contre la gale, saint Méen ; contre la goutte, saint Urlou ; contre les ulcères, saint Brandan ; contre l'hydropisie, sainte Onenne ; contre le mauvais air, saint Thuriaw ; contre les maux de ventre, saint Ivy. Les petits maux ont, à leur tour, leurs saints guérisseurs : les furoncles, saint Kirion ; les durillons, saint Nodez ; les névralgies, saint Tremeur. D'autres saints ont chacun pour attribut la guérison ou la protection d'une espèce animale. Saint Eloi est le patron des chevaux, mais ceci appartient à un autre ordre d'idées. Le principe magique se continue de plusieurs manières, d'abord par le mode de culte : chaque saint ne veut pas être honoré de la même façon qu'un autre. Si saint Yvertin recherche le don d'une couronne ou d'une ceinture de petits cierges, saint Avoye s'attend à l'offrande d'une poule blanche. Quelquefois, il y a un rapport fictif entre le don et la maladie dont on veut guérir; (comparer la magie dite sympathique) c'est ainsi qu'à saint Efflam qui guérit les furoncles, on apporte une poignée de clous, et à saint Majau qui guérit les migraines, on offre des cheveux; enfin, et ceci achève d'apposer l'empreinte magique et fétichiste (on sait comment le fétichiste adore et maltraite, suivant le cas, son fétiche) ; si le saint n'accorde pas la grâce demandée, on cherche d'abord à l'y contraindre par la force, et en cas d'échec, on le menace, et s'il le faut, on l'exécute. On cite ce fait curieux qu'à l'Ile de Sein on invoquait saint Corentin pour obtenir une pêche abondante; si cela ne réussissait pas, on enfonçait la porte du sanctuaire et on l'insultait, des pêcheurs lui jettaient leur chique à la figure. Renan raconte comment, dans son enfance, son père fut guéri de la fièvre : on le conduisit dans la chapelle d'un saint avec un maréchal qui avait d'abord à son fourneau rougi ses tenailles et qui dit au saint en lui promenant le fer rouge sous les narines, « si tu ne tires pas la fièvre à cet enfant, je vais te ferrer comme un cheval. » La mine est inépuisable, mais on comprend d'ores et déjà comment cette prereligion magique et fétichiste, bien différente de la religion proprement dite, mais qui s'y est étroitement amalgamée, forme la trame de la religiosité bretonne, et qu'il ne s'agit plus là d'orthodoxie, au contraire. Cependant, de même que le lierre qui s'est incorporé à la muraille ne peut plus en être détaché sans compromettre la solidité de l'édifice, de même il est probable qu'en lui enlevant cet appui, la religion elle-même des Bretons risquerait fort d'être ébranlée.

Tel est le premier caractère de la religiosité bretonne. On voit combien il la fait dévier de son sens vulgaire, en lui donnant un cachet tout spécial. Il nous faut passer maintenant au second qui la différencie encore davantage en lui imprimant un particularisme qui, lui aussi, la sépare nettement de l'orthodoxie et de la religion générale, laquelle est cosmopolite par essence. C'est cette nuance de religiosité qui a puissamment contribué à former l'âme de cette race.

La race celtique, et surtout la race bretonne de l'Armorique, présente ce phénomène religieux particulier qu'on pourrait appeler le *phénomène des saints bretons*. Qu'y a-t-il donc à cette abondance de saints locaux de si extraordinaire; est-ce que les saints n'ont pas été fort nombreux dans l'Eglise et chaque province n'a-t-elle pas eu les siens? Sans doute; mais il n'en existe pas où les saints nationaux aient autant pullulé et même aient si complètement éclipsé, soit ceux des autres nations, soit souvent la divinité elle-même. Le Breton ne s'adresse guère à Dieu que par leur intermédiaire, et encore cette expression est-elle inexacte, c'est à eux qu'il a affaire définitivement. Sans doute, les saints majeurs, la Vierge, sainte Anne, saint Pierre, quelques autres reviennent dans les grandes occasions, mais celles-ci sont rares, et le culte quotidien invoque les premiers; il s'ouvre entre eux et le paysan un commerce continu où l'on échange les bons services.

Il y a là, probablement, encore un effet de ce culte magique dont il était question tout à l'heure, mais cette explication seule serait insuffisante. Une circonstance historique, coïncidant, il est vrai, avec le caractère, en est la cause. Lorsque les Celtes insulaires vinrent au IVe siècle se réfugier en Armorique, ils y apportèrent leur civilisation supérieure, et les pionniers de cette civilisation, arrivés de l'au-delà des mers et entourés d'une auréole, les grands hommes d'alors furent les saints bretons, soit qu'ils restassent dans la solitude, où l'on venait les chercher et les écouter, soit qu'ils fondassent des villes. Il s'est formé ainsi autour d'eux une légende spéciale, tout à fait nationale. Ces saints appartiennent à la Bretagne et n'appartiennent qu'à elle ; bien plus, chacun d'eux s'y est taillé un domaine, le christianisme subsiste, mais il ne ratifie qu'en bloc, il n'approuve même que tièdement, car ces saints n'ont jamais été canonisés. Sans doute, la canonisation officielle n'est que d'un usage tardif, puisqu'elle n'apparaît que vers 1634, et auparavant c'est le peuple qui canonise, *vox populi*..... Mais ailleurs les saints locaux se répandent bientôt au dehors et enfin partout ; les saints bretons restent chez eux comme les Bretons eux-mêmes. Ils sont invoqués à chaque instant, ce sont eux qui récompensent et punissent, et ils ont réduit le Dieu chrétien à l'état de *dieu constitutionnel*. C'est presque un hénothéisme ; on sait en quoi celui-ci consiste. Les Hébreux surtout l'avaient pratiqué. Ils étaient jaloux de leur divinité, comme celle-ci était jalouse d'eux-mêmes. Le triomphe du peuple Juif était le triomphe de Jahveh et réciproquement ; on n'a nulle part relevé ailleurs une solidarité aussi forte. C'est ce qui s'est passé pour les saints bretons, saints nationaux par excellence, qui n'ont jamais été connus en dehors de leurs territoires. Ils sont, a-t-on dit souvent, aussi nombreux que les sables de la mer, et on peut citer parmi les leurs, les noms les plus inconnus : Béat, Colomban, Secondel, Samson, Bieuzy, Jacut, Guingaloc, Quintin, Utel, Herbot, Beuzec, Tudy, Cornély, Jorhand, Envel, Pever, Ciférian, Yvy, Mieu, Lévias, Maudan, Congar, Biabile, Corbase, Lanneuc, Bergat, Ourzal, Raven, Idunet et Langui, et parmi les saintes, Tivanel, Lallec, Tugdonie, Achée, Cérotte, Landouenne, etc. Quelquefois, la sainteté est héréditaire : le fils et la fille d'un saint sont aussi des saints ; ce qui est curieux, ils sont parfois si anciens ou si peu connus, qu'on ignore leur sexe ; on ne sait non plus exactement s'il s'agit, dans tel cas, de plusieurs saints ou d'un seul. Enfin, ce qui est le comble, on a été jusqu'à prétendre que l'un d'eux, saint Connad, avait été brûlé à Rome comme hérétique.

Cette sorte d'hénothéisme, compliqué de l'effacement du Dieu suprême, constitue à la fois une sorte de religion nationale et un phénomène de mysticisme. Au premier de ces points de vue, on peut observer que c'est à un tel état qu'est dûe en partie la persistance de la préreligion magique et des nombreuses superstitions que la lumière supérieure de la religion générale aurait dissipées. Au second, l'invocation directe, la familiarité d'un saint, d'un demi-dieu rapproché tendait à supprimer des intermédiaires humains, et le rôle du clergé aurait dû en être d'autant diminué. Cependant cela n'a pas eu lieu, parce que le clergé breton pratiquait lui-même ces idées et les dirigeait, et qu'il semble national, comme les saints eux-mêmes. Mais les saints bretons ainsi compris n'ont pas moins marqué, en matière religieuse, l'un des traits généraux du caractère breton, *l'individualisme*. Les obligations religieuses remplies, chacun s'adresse à son saint de préférence, converse avec lui, lui donne et en attend des services individuels. Aussi, lorsqu'on veut rompre violemment cette union, comme en 1793, le paysan breton se révolte, non pas seulement en vertu de son intérêt religieux en général, mais parce qu'on s'attaque, pour ainsi dire, à ses dieux nationaux.

C'est sur ce point qu'il nous faut insister, parce qu'il est essentiel. Sans doute, le Celte tient naturellement à une religion, et surtout à la sienne ; mais il y tient davantage que d'autres, et ce n'est pas seulement parce qu'il est peut-être plus religieux, c'est surtout parce que chez lui sa religion est devenue quelque chose de *national*. Le caractère national de certaines religions chez certains peuples ne doit pas être négligé par l'observateur. On a souvent dit avec raison que, si Rome ancienne a persécuté les Chrétiens, elle qui admettait toutes les religions et leur donnait une place en son Panthéon même, c'était seulement parce que ce culte lui semblait être antinational, saper les fondements de l'Etat ; c'est au même titre que les persécutions ont eu lieu en Chine. De même le groupe celtique tout entier n'a pu se plier facilement aux religions venues du dehors ; l'introduction du christianisme a été difficile en Irlande ; et si, au contraire, l'Armorique s'y est facilement convertie, c'est que l'Evangile lui venait de ses frères insulaires. Une fois le christianisme entré dans le sang celtique, il devait s'y conserver de longs siècles. L'Armorique ne fut pas fortement touchée par le protestantisme, qui ne remonta guères au delà du pays nantais, déjà cosmopolite, et cependant beaucoup de provinces françaises l'avaient reçu. Plus tard, lors de la Constitution Civile du Clergé, la Bretagne armoricaine, atteinte dans ses croyances, se révolta, elle ne l'eût pas fait s'il ne se fut agi que de questions politiques ; aussi fut-elle vite pacifiée lorsque la tolérance religieuse fut rétablie. De nos jours encore, nous l'avons vue de nouveau entraînée par ses impressions religieuses élever des protestations, lorsqu'on a touché chez elle aux ordres religieux. Elle pense toujours qu'elle s'est donnée à la France sous la réserve de ce culte, cette réserve lui semble le dernier retranchement de son autonomie ; lorsqu'on la méconnaît, on n'attaque pas seulement ses croyances, mais aussi sa race, et quoi qu'elle ait perdu toute idée de séparation, elle réclame cependant encore l'usage de ce culte comme le point en ignition par lequel sa nationalité pourrait, s'il le fallait, revivre. Ce qui est fort curieux, c'est que le même instinct produit les mêmes effets chez ses frères d'Outre-Manche. L'Irlande a conservé un catholicisme vigoureux, et elle le maintenait en face de l'Angleterre comme sa sauvegarde et comme un signe sûr d'isolement, avant même que la question agraire fut née. Son histoire est instructive à cet égard. Elle avait produit une civilisation très florissante et toute chrétienne, lorsqu'elle fut brutalement conquise par l'Angleterre. Fait singulier, ce fut le pape Adrien qui la donna lui-même, dit-on, aux Anglais ; telle fut sa récompense. Plus tard le protestantisme anglican y fut introduit violemment par Henri VIII, puis par Elisabeth. Une insurrection éclata en 1641, elle fut réprimée ; à partir de ce moment les quatre cinquièmes du territoire furent confisqués. Plus tard encore, les Irlandais prirent les armes en faveur du catholique Jacques II, mais en vain, et retombèrent sous un joug de fer. Leur vengeance, ce fut de soutenir les Français contre l'Angleterre à la fameuse bataille de Fontenoy. Depuis, l'Irlande a souvent revendiqué son indépendance et nous retrouverons un peu plus loin ses luttes, mais alors le mobile religieux n'est plus unique, d'autres sont venus s'y joindre, surtout le mobile économique, ce grand moteur des peuples modernes; mais la revendication religieuse ne fut pas oubliée et elle aboutit à la liberté sur ce terrain. Il semblait à ce pays qu'en attaquant son culte, on voulait enlever le dernier rempart de son indépendance et comme sa liberté intime. Le clergé anglican qu'on lui imposait était le représentant de l'étranger dans les consciences. Du reste, la persécution avivait ces antipathies, l'exclusion des catholiques était complète, et les prêtres étaient astreints au serment. Les autres pays celtiques ont moins résisté sous ce rapport, mais le spectacle en est encore plus instructif, il démontre que ce n'était pas tant au catholicisme qu'à une religion ethnique distincte de celle des étrangers que le peuple tenait. Les Cornubiens, par exemple, qui ont perdu aujourd'hui leur langue, perdirent leur religion à la fin du XVIIe siècle, et passèrent d'un seul coup à une autre, mais cette autre n'était pas l'anglicanisme, ce fut une confession non-conformiste, le méthodisme ; en outre, ils ont conservé plutôt en réalité une sub-religion, celle que nous avons décrite, celle magique et superstitieuse, antérieure même au druidisme. Les Mannois ont su obtenir pour leur Eglise des canons à part. Les Ecossais ont perdu de bonne heure le catholicisme et ont embrassé le presbytérianisme, confession rapprochée sans doute de l'anglicanisme, mais qui cependant a pour eux le mérite d'être une religion spéciale, n'appartenant qu'à eux ; ils ont en même temps, comme nous venons de le constater pour la Cornouaille, gardé fidèlement leur sub-religion formée de rites et de superstitions celtiques. Les Gallois, au contraire, embrassèrent très vite l'anglicanisme, et cela semble opposé à notre thèse, mais le motif y rentre, c'est que le haut clergé catholique se composait uniquement d'Anglais;

il n'était pas tenu à la résidence et vivait à Londres, après avoir perçu des dîmes excessives; le bas clergé était seul gallois et c'est lui qui poussa à la rupture. C'est donc parce que le catholicisme n'était plus vraiment national, qu'il était accidentellement anglais, qu'il fut abandonné. Mais ce qui suivit est encore plus caractéristique. Le nouveau clergé ne fut pas plus national que l'ancien, et cela devait être, puisque la même religion régnait encore dans les deux pays voisins. Aussi, pour avoir une religion nationale, les Gallois délaissèrent l'anglicanisme, et se jetèrent dans les sectes dissidentes; aujourd'hui encore ils sont pour la plupart wesléiens, presbytériens, baptistes, méthodistes et les clergés devinrent alors de nouveau nationaux ; il est vrai que des persécutions terribles suivirent ; il y a, dit-on, plus de 3,000 temples non-conformistes contre 1,000 temples anglicans, seulement il fallait payer encore le dîme pour la religion officielle qu'on ne pratiquait pas ; aussi la séparation des Eglises et de l'Etat était-elle incessamment réclamée, elle aboutit à un *act* de *desestablishment* voté en 1895 par la Chambre des Communes, mais non par la Chambre des Pairs. Cependant le clergé national non conformiste a entrepris l'œuvre de résurrection du peuple Gallois, il a institué des assises littéraires nommées *eisteddfodau* qui servent d'occasion, repris l'usage de la langue celtique, et réclamé l'autonomie politique ; le clergé non conformiste est là un agent aussi actif des revendications de race que le catholicisme peut l'être en Irlande Un fait important est mis ainsi en lumière. La religion des Celtes tient en partie à ce qu'ils veulent posséder une *religion nationale,* distincte de celle des autres peuples, et à ce que dans ce but ils ont accepté parfois indifféremment le catholicisme ou une secte protestante non conformiste.

Tels sont les deux premiers traits de la religiosité celtique, traits qui font que l'idée religieuse proprement dite dévie un peu de son esprit ordinaire. Un troisième trait que nous avons maintenant à décrire l'en différencie plus profondément.

Lorsqu'on entend parler de la foi bretonne, qui est devenue proverbiale, on s'imagine que cette foi intégrale n'a jamais été atteinte par le moindre doute, qu'elle présente la surface lisse de la glace ou le niveau de la mer étale ; c'est ainsi, du reste, que, sauf quelques tressauts, apparait la foi romaine en Espagne et en Italie la foi orthodoxe. A plus forte raison, chez un peuple isolé, un peu sauvage, devra-t-elle se conserver sans aucun mélange. Nous avons vu cependant que dans les couches populaires cette pureté est troublée par des superstitions nombreuses. Mais les esprits supérieurs échappent enfin à ces superstitions, ils ne croient plus depuis longtemps aux puissances magiques. D'ailleurs le clergé breton possède une grande influence. Dans un tel milieu et avec un fond de race aussi religieux, des dissidences ne se produiront pas ; elles n'auraient d'ailleurs pas d'écho. L'action si active des saints bretons est dans ce sens, c'est bien la doctrine autorisée qu'ils apportent. Dans ce ciel pur pas un nuage et l'on n'aperçoit point où se formerait l'incrédulité ou le doute.

L'incrédulité proprement dite ne s'est, en effet, formée nulle part, et si quelques Bretons ont été rangés parmi les athées, c'est qu'on a forcé leurs doctrines. Mais il en est autrement du doute, car celui-ci, loin d'exclure la religiosité, la suppose. Qu'importe au libre-penseur sincère tel ou tel dogme qui lui semble moins rationnel, telle idée qui lui paraît injuste! Il rejette tout en bloc et sourit devant quelque querelle byzantine. Il n'en est pas de même du croyant; sans doute souvent il ferme les yeux et accepte tout, mais souvent aussi il les ouvre, aperçoit les nuages, les dissipe, les voit se reformer, les poursuit et lorsqu'il est entouré par eux, il s'attriste et alors s'élèvent tantôt un cri de détresse, tantôt une critique. Sans doute, il n'est pas entendu, car il se meut dans un milieu de croyance absolue; mais si c'est un homme d'élite, il se renferme en lui-même et pense pour soi, la postérité recueillera plus tard ses pensées. Plus souvent encore, impatient de la renommée ou plus exactement de la communication avec l'humanité, il se tournera au dehors, vers les autres provinces, vers les autres peuples. Ceux-ci, lorsqu'ils sont moins religieux, lorsqu'ils ne le sont pas du tout, n'ont pas besoin, semble-t-il, de cette voix, car elle est plus timide que la leur et ne peut dépasser ce qu'ils ont dit. Oui, mais elle est plus vibrante et plus profonde, précisément parce qu'elle procède d'une vive émotion, d'une pensée puissante. Telle nous semble la vérité générale; prouvons-la et rendons-la saisissante pour des exemples; ceux-ci abondent.

Ce sont les grands esprits qui résument la race et qui en ont seuls conscience, ils forment le *sensorium* national, où les Celtes de génie confirment tous, par leur biographie et leurs écrits, ce que nous venons de conclure.

Le premier en date est Abélard, le célèbre docteur dont la vie est si curieuse. Il naquit au bourg du Pallet, près Nantes, en 1079. On connaît sa carrière aventureuse, ses amours avec Héloïse l'ont rendu célèbre, je n'en veux retenir que la note poétique qui est une marque de la nature bretonne. Il prêcha sa doctrine, à Paris, à la montagne Sainte-Geneviève, c'est alors qu'il devint amoureux de la fille du chanoine Fulbert dont il dirigeait l'instruction ; il écrit pour elle des vers en langue vulgaire ; il l'enmène en Bretagne chez sa sœur, ainsi que son enfant, et veut l'épouser ; elle s'y refuse d'abord, prétendant que les hommes de génie ne doivent pas avoir de famille. Fulbert le torture et lui fait subir la castration. Héloïse devient religieuse et alors commence entre eux une correspondance curieuse qui a été recueillie. Abélard reprend son enseignement public, le concile de Soissons le déclare hérétique; d'abord il se soumet sur les instances de saint Bernard ; les moines de Saint-Gildas-de-Rhuys l'élisent pour abbé, et il fonde lui-même au Paraclet un monastère où Héloïse se réfugie. Les moines de Saint-Gildas se révoltent, menaçent de l'égorger et il doit s'enfuir par un souterrain. Il recommence à prêcher, et l'Eglise condamne sa doctrine ; il meurt persécuté, loin de la Bretagne, à l'abbaye de Saint-Mareuil, près Chalons. Si nous avons rappelé ces faits très connus, c'est qu'ils révèlent plusieurs traits de l'homme celtique. Le génie est dominé chez lui par le sentiment romanesque, à une époque où le sentimentalisme ne régnait pas et le nom d'Héloïse restera attaché à un idéal d'amour, ainsi que ceux de Laure, de Pétrarque et de Marie le furent en des époques très différentes ; elle ressemble en outre, sur plus d'un point à la sœur de Châteaubriand, à celle de Renan ; chez la race celtique, le sentiment enveloppa toujours la pensée. Quant à Abélard, il réunissait bien des situations diverses et même contraires : moine, savant, lettré, poète, religieux, hérétique, il était même, dit-on, en outre, artiste, chanteur et compositeur. Né en Bretagne, de retour en son pays à plusieurs reprises, il y fut vivement persécuté par les siens. Ce ne fut point du reste à ses compatriotes qu'il prêcha sa doctrine qu'ils ne comprendraient pas, mais à Paris et dans les provinces voisines, où il lui fallut toujours revenir. Il resta, en réalité, solitaire, et une âme seule, celle d'une femme, connut bien la sienne. Nous verrons plus loin l'isolement poursuivre aussi d'autres grands hommes de la race celtique, et leurs compatriotes les méconnaître. Quant à sa doctrine, elle présente pour nous aujourd'hui peu d'intérêt ; entre les *réalistes* et les *nominaux,* il fut *conceptualiste*. Ce qui importe, c'est que, malgré sa foi vive, son existence monacale, il institua une hérésie nouvelle, l'hérésie naquit ainsi de bonne heure dans la Bretagne, ce pays de la foi. Sans elle on l'eut peut-être canonisé, et il fut allé rejoindre les saints bretons. Mais sa croyance était raisonneuse à une époque où il n'était pas permis qu'elle le fût. Il était ainsi le précurseur des grands génies bretons qui devaient, dans le dernier siècle, à la fois restaurer et ébranler la religion orthodoxe.

Ces génies bretons sont au nombre de trois, qui ont brillé du plus vif éclat : Châteaubriand, Lamennais et Renan, qui ont dirigé directement le mouvement religieux. D'autres, comme Brizeux, n'y ont été mêlés que très obliquement. Nous allons voir qu'ils suivirent des errements tout à fait analogues, et que, par conséquent, on peut relever en eux ceux de l'esprit celtique lui-même.

Le premier fut Châteaubriand. Il est l'incarnation de la religiosité bretonne dans tout son idéal. Cependant, il faut consulter sa vie pour s'en rendre un compte très exact. Né en 1768, à Saint-Malo, dans la Haute-Bretagne, et mort en 1848, il a réintroduit moralement, si le Premier Consul le fit juridiquement, la religion catholique, et même simplement la religion en France d'où elle avait disparu, et il est bien digne de remarque que ce fait, de la plus haute importance, est dû à un Breton; il fut en cela un grand novateur, il le fut aussi en littérature. Mais si, par son origine et par son enfance, il appartient à la Bretagne, il en vécut toujours éloigné et il ne l'a pas chantée; il a voulu y être enterré d'une façon très solennelle, au Grand-Bey, sur le rivage de sa ville natale; dans l'intervalle, il fut plus Français que Breton; mais où il ne cessa pas d'être Breton, ce fut par sa tendance religieuse. Il eut pour inspiratrice sa sœur Lucile, c'est elle qu'on retrouve dans le petit poème de *René;* nous reviendrons sur cette circonstance. Fixé d'abord à Paris, puis parcourant l'Amérique, puis émigré en Angleterre, ce furent d'autres pays qui le formèrent et l'inspirèrent.

Dans ses premières années, sa religiosité est nulle, et même ce n'est qu'assez tardivement qu'eut lieu, en 1798, ce qu'on a appelé sa conversion. Il fut frappé par la mort subite de sa mère et de sa sœur aînée. « J'ai pleuré et j'ai cru, » c'est en ces termes qu'il a fait sa confession au monde. Le caractère de sa religiosité est bien, en effet, le sentiment. Il composa son œuvre capitale : *Le Génie du Christianisme,* et la publia en 1802; plus tard, le poème-roman des *Martyrs* venait compléter cette œuvre. Le premier de ces ouvrages eut un succès inouï, on peut dire qu'il convertit la France au christianisme. Les auteurs les plus pieux, ceux du XIVe siècle, sauf de rares exceptions comme dans Polyeucte, n'avaient pas osé faire entrer la religion chrétienne dans la littérature, ils craignaient d'y toucher, de l'altérer, et la conservaient à l'état tantôt d'abstraction, tantôt de simple pratique, sans vouloir la mêler au sentiment humain. Il était donc réellement, sinon plus orthodoxe, au moins plus religieux qu'eux-mêmes dans le sens intime de ce mot. Parmi son œuvre, d'ailleurs, pas trace d'hétérodoxie ni de fantaisie. Dans les *Martyrs,* le celtique direct se retrouve avec Velléda, mais le sentiment religieux druidique vient y heurter le sentiment religieux chrétien, de même qu'avec *Cymodocée,* le sentiment religieux païen, et ce heurt produit les plus beaux effets. Aussi Châteaubriand est-il, à bon droit, le type du génie religieux par excellence, et il incarne et résume ainsi le caractère breton.

Pourtant, cette *religion,* si on l'analyse, est plutôt une *religiosité.* Surtout dans ses dernières œuvres, dans ses œuvres historiques (il serait trop long de faire des citations ici), on s'aperçoit que sa foi est remplie de doutes, qu'elle est le résultat du sentiment beaucoup plus que du raisonnement ; de même que son royalisme finit par être tempéré par beaucoup de libéralisme et même par des prévisions de l'avènement de la démocratie. Ce fut par le sentiment qu'il voulut réhabiliter le christianisme, alors proscrit ; il y réussit, car le sentiment manié par le génie est le plus puissant des instruments, mais c'est un instrument qui reste fragile. D'ailleurs, en cela il fut l'écho de l'esprit celtique, chez lequel c'est le sentiment qui a conservé la foi religieuse, mais sans pouvoir la garder étanche dans le voisinage du doute.

Si Châteaubriand ne souleva pas de questions religieuses proprement dites, acceptant en bloc les croyances sans s'occuper des détails, tout différent fut Lamennais, un autre Breton, né en 1782 aussi à Saint-Malo, c'est-à-dire en Haute-Bretagne, lequel souleva des querelles, comme autrefois Abélard, sur des questions de théologie et de philosophie ; cependant il se relie à Châteaubriand et aux autres Bretons par la sentimentalité, qui domine tout le reste, par une idée religieuse profonde et aussi par l'indiscipline de la pensée, ce qui fait qu'ayant commencé par proclamer l'orthodoxie et la suprématie chrétienne la plus exagérée, il finit par l'abandonner tout à fait, non sans de perpétuels retours. Il eut le génie du doute, mais jamais l'esprit de la négation ; c'est précisément l'indifférence religieuse qu'il combattit. Sous ce jour, quelques événements de sa vie sont intéressants à raconter. Il veut d'abord rendre le clergé tout à fait indépendant du pouvoir civil, ce qui était la négation du Concordat; il réclame, d'autre part, la liberté de l'instruction publique ; enfin, il conclut à une sorte de démocratie théocratique. On voit à quel point il est rempli de l'enthousiasme religieux ; il va jusqu'à faire l'éloge de la Ligue. Sa révolte n'est que vis-à-vis du pouvoir public. Mais il mêle bientôt à cette doctrine pratique une doctrine théologique et philosophique; elle n'est, sous d'autres rapports, ni plus ni moins intéressante que toutes les disputes de ce genre, mais elle se relie étroitement à l'esprit de la race celtique, qui est le sentiment. Lamennais, parmi toutes les autres preuves religieuses, n'en maintient qu'une seule, celle du consentement universel, le raisonnement est écarté et la religion obtient ainsi une base toute de sentiment humain. Aussi sa doctrine fut-elle condamnée à Rome. Lamennais avait vaguement prévu ce résultat en abordant la prêtrise et sa correspondance nous a conservé le reflet de ses doutes et de ses anxiétés de conscience. Il se soumit, mais ce fut bientôt pour rompre définitivement avec l'orthodoxie. Cependant, il conserva le même sentiment religieux exalté; mais l'indépendance qu'il avait voulue vis-à-vis de l'État, c'est maintenant contre l'Eglise qu'il la prêche. Les paroles d'un croyant marquent cette seconde phase, comme l'*Essai sur l'Indifférence religieuse*, la première ; il se déclare républicain, alors ce parti comptait beaucoup de mystiques. Le livre qu'il publie a même pris l'allure des versets bibliques. Loin de personnifier l'incrédulité, Lamennais personnifiait le doute, ce qui est bien différent, dans une oscillation perpétuelle ; quant à l'incrédulité, si elle est un moment survenue, elle était hiératique, comme devait l'être celle de la race dont il était issu.

Si Lamennais était prêtre, Renan fut bien près de le devenir. Il incarne encore plus profondément l'âme celtique au point de vue religieux. Son esprit est par excellence celui du doute, il va de la foi à la science et de la science à la foi, éternel renégat pour les uns, éternel hésitant pour les autres, cependant le parti de l'incrédulité l'a emporté et l'a classé définitivement, mais c'est une incrédulité, pour ainsi dire, religieuse. Quel autre qu'un esprit religieux aurait tant tenu à cœur de vérifier les Evangiles, de reconstituer les temps judaïques? Il naquit à Tréguier, cette fois en pays tout à fait breton, en 1823 et mourut à Paris en 1892 ; en effet, sa vie se passa loin de la Bretagne et, pas plus que ceux dont nous venons de retracer les traits, il ne se préoccupa de son pays natal, si ce n'est en quelques heures de souvenir, mais il regarda vers l'avenir, la science et l'Orient. Son séjour au séminaire fut pour ainsi dire indélébile, il y puisa une curiosité religieuse que rien n'a pu satisfaire. Il eut, lui aussi, une doctrine philosophique qui se rapproche du panthéisme, croyant au progrès seulement qui est le lien intime du monde, mais gardant le culte de l'idéal, qui est aussi une religion de sentiment. Dans une seconde période de sa vie, il revient un peu en arrière, rejette la démocratrie absolue et veut établir une sorte d'aristocratie intellectuelle. Il croit surtout à la science, et celle-ci devient un culte; il a en lui, malgré des conclusions souvent contraires, tous les symptômes de l'esprit religieux. En tout cas, ce fut son point de départ; d'abord quelques doutes sous forme d'images se forment dans son esprit, il les dissipe, ils reviennent, ils l'envahissent, mais dans ses expressions mêmes il ne nie jamais, il doute, il flotte, il reste celtique.

A côté de lui, nous voyons apparaître un personnage très curieux, ainsi que l'Amélie de Châteaubriand, que l'Héloïse d'Abélard, c'est sa sœur Henriette; fort instruite, plus âgée que son frère et l'ayant guidé, elle subit la même évolution mentale, comme il le raconte lui-même dans ses souvenirs d'enfance. Elle eut d'abord la foi la plus ardente; élevée dans un couvent et entourée des ambiances les plus religieuses de Bretagne, l'éducation de son frère, la ruine des siens la laissèrent isolée dans le monde, elle y resta enveloppée d'un profond mysticisme, celui de sa race. Elle arrive à Paris, se consacre à l'enseignement et, après avoir souffert, comme tous les Bretons, d'une douloureuse nostalgie, voyage à l'étranger, en Allemagne, alors les doutes envahissent son esprit, comme celui de son frère; ils ne se les communiquent pas de peur de se rendre malheureux. Voilà un fait psychologique bien remarquable et qui ne s'explique d'ailleurs que par le doute, car une conviction absolue ne connaît pas de ces obstacles. Dans deux esprits celtiques contigus, l'évolution celtique religieuse avait suivi la même marche, et l'incrédulité elle-même avait la forme grave de la religion.

Ainsi, dans les trois génies qu'on peut considérer comme les plus hautes personnifications récentes de l'esprit celtique, la religion reste un caractère principal, il ne s'agit pas d'orthodoxie, mais seulement de la religiosité avec les doutes qu'elle entraîne, ou plutôt de ce qui est profondément inné dans cette race, du goût de la religion.

Au-dessous de ces personnifications éclatantes, on peut encore citer Brizeux. Il chanta la Bretagne, et particulièrement son culte, ses saints ; cependant on ne saurait le classer parmi les esprits religieux proprements dits; il se tint toujours pratiquement éloigné du christianisme, et pour lui celui-ci fut bien plutôt un moyen littéraire qu'une idée.

Telles sont les nuances qui marquent, dans le génie celtique, le caractère de sa religiosité ; il ne s'agit point de religion purement et simplement, et un orthodoxe y trouverait bien à redire; il condamnerait les superstitions et les pratiques magiques conservées, il réprouverait l'autonomie ethnique prise pour base de la foi, il ferait reproche aux plus religieux en apparence, aussi bien des réticences avouées ou tacites de Châteaubriand que des doutes éclatants d'Abélard et, dans la suite, des retours de Lamennais et de Renan ; il apercevrait que le granit qui supporte les calvaires élevés par la croyance est surtout un granit mystique taillé par un profond sentiment ethnique.

Cependant il serait injuste de prétendre que tous les pays celtiques ne sont pas en bloc essentiellement religieux. Les preuves sont nombreuses : les fêtes, les pardons, l'influence du clergé, l'expansion de la vie monacale, le culte de la mort, les vœux des marins et, aux périodes de persécution, la résistance stoïque, le soulèvement de l'Ouest à plusieurs époques de l'histoire. Nous avons voulu seulement montrer que cet esprit religieux lui-même n'a rien de banal, qu'il possède une extrême originalité. Quand il s'agit d'entrer dans le celtisme, il en forme la porte monumentale et pittoresque.

2° *Retour vers le passé*

Le caractère religieux a plusieurs corollaires ou, ce qui est plus exact, il renferme plusieurs éléments qu'on peut en distinguer. Il suppose presque toujours l'amour du passé, qui est une de ses meilleures assises; c'est cet amour qui fait son conservatisme. Au contraire, les esprits hardis, novateurs, brisent volontiers la trame qui les rattache aux temps antérieurs et recherchent surtout le temps futur. L'avenir est, plus particulièrement le domaine de la science, tandis que le passé est celui incontesté de la religion. Les plus religieux peut-être des peuples, les Egyptiens, avaient en même temps le culte de leur antiquité. Ils voulaient conserver impérissables les corps des souverains et des hommes illustres ; ils ne s'écartaient pas des traditions. Tout se tient dans l'esprit humain, il n'existe pas de cases orientées en tous sens ; les penchants de même direction s'accumulent et s'étaient.

Plusieurs des caractères que nous allons décrire dérivent, en effet, du caractère religieux ; ils s'y rattachent, en outre, par la subordination des caractères, principe qui est si répandu dans les sciences biologiques et qui s'applique aussi aux sciences morales. C'est en vertu de ce principe que Cuvier ressuscitait un individu entier au moyen de quelques os retrouvés. De même, dans le caractère tout se commande, et certains points dominants déterminent le reste.

Parmi les religions, celle qui indique le plus ce trait de l'esprit, c'est la religion mortuaire, laquelle a sans doute préexisté aux autres, mais persiste aussi avec et même après elles ; elle domine chez les peuples celtiques. On la trouve, il est vrai, ailleurs, mais peut-être pas avec une telle force ; toutes les coutumes bretonnes révèlent une perpétuelle communion avec les ancêtres ; il y a chez ces peuples pieux une sorte de goût de la mort qui contrebalance en quelque sorte le goût de la vie et qui ne laisse pas d'imprimer aux idées une mélancolie générale et pénétrante.

Chez les Bretons d'Armorique, cette religion mortuaire se révèle surtout par des coutumes et des superstitions ; elle ne se rattache que d'une manière hystérogène au christianisme qui pourtant n'a pu que la renforcer, mais elle remonte au-delà. La seconde journée des noces s'ouvre par un service funèbre ; les idées de deuil ne sont ainsi jamais oubliées. Lorsqu'un décès survient, les animaux eux-mêmes sont animés de la tristesse des survivants, on les fait jeûner et on recouvre les vaches d'un drap noir. Le mort revient d'ailleurs à certains jours, à la Toussaint et à la veille de Noël, il s'assied sur le fauteuil de chêne auprès de l'âtre ; il est défendu alors de balayer la maison, de peur de chasser en même temps les trépassés. On observe la tradition qui exige de laisser un tison dans l'âtre pour réchauffer les âmes malheureuses et une miche sur la table pour les rassasier. Elles ressuscitent d'ailleurs de temps en temps, surtout en cette nuit de Noël.

Cet amour du passé se révèle autrement, par le maintien des cérémonies, des costumes et des usages anciens auxquels tous les Celtes sont opiniâtrement attachés ; leur caractère est rempli d'autant de conservatisme que leur religion ; il est inutile de rappeler ici ces coutumes, dont quelques-unes sont fort curieuses. Il en est qui remontent au temps druidique. C'est surtout dans les grandes circonstances de la vie, naissance, mariage, funérailles, et lors des fêtes, notamment des pardons, lesquels, d'ailleurs, appartiennent davantage encore à la sociologie bretonne, que ces usages sont remarquables. Cependant ils sont peut-être moins caractéristiques qu'ils ne le paraissent au premier abord, en ce sens qu'ils sont communs à tous les peuples pris à un certain stade de l'évolution ; c'est pour cela que nous nous dispensons de les décrire. Ce qui les rend notables, c'est surtout leur persistance beaucoup plus grande chez les peuples celtiques qu'ailleurs. Aujourd'hui, dans toute l'Europe, ils ont à peu près disparu; ils se sont conservés presque entièrement en Bretagne, depuis même que l'électricité et la vapeur ont transformé la surface du pays. Le costume, en particulier, a persisté, mais il disparaît maintenant et avec lui s'efface un des traits les plus visibles du Breton, car il semble que souvent l'homme et surtout la femme tiennent à leur costume plus qu'à eux-mêmes.

Le Breton s'attache à tout ce qui est ancien, à ce que les ancêtres lui ont légué, à ses institutions héréditaires; il n'aime pas les innovations, il est misonéiste. C'est d'ailleurs un peu la conséquence de son éducation religieuse. Ce n'est qu'au bout de plusieurs siècles qu'il se détache des choses trop anciennes pour adopter les plus nouvelles, qui ont déjà pris un cachet d'antiquité elles-mêmes. A travers le druidisme et le christianisme dominaient encore les restes des superstitions magiques ; aujourd'hui, à travers la science et la pensée libre, il se rattache au catholicisme ; il est ainsi en retard sur l'évolution d'un certain nombre d'années. On l'a accusé, sous ce rapport, d'inintelligence et d'opiniâtreté sans mérite. Ce n'est pas tout à fait juste. On n'est pas une race inférieure intellectuellement lorsqu'on a produit les génies que nous venons de citer, ni moralement lorsqu'on a donné d'éclatants exemples de vertus de plus en plus rares et même exaltées de courage et d'héroïsme.

Si le Celte a les regards tournés vers le passé, c'est que telle est la tendance plutôt poétique et mystique de son esprit. On peut classer, pour ainsi dire, tous les hommes en trois catégories bien tranchées : les hommes du passé, ceux du présent, ceux de l'avenir ; il appartient aux premiers par instinct. Tous les trois, d'ailleurs, sont nécessaires et chacun d'eux n'apporterait plus son utilité sociale propre s'il agissait contre son propre caractère. L'homme de l'avenir a plus d'initiative, il recherche toujours les progrès nouveaux, mais, par contre, il encombre souvent tout de son ambition insatiable. L'homme du présent est plutôt un jouisseur ; il est toujours pratique, ne se préoccupant que de ses intérêts et de ceux des personnes les plus proches. L'homme du passé s'attarde bien quelque peu et ne fait pas de grands projets, il vit surtout par la sensibilité et le souvenir, il est désintéressé, et nous verrons au chapitre suivant que c'est là un des torts, peut-être funestes, du caractère breton. Vivre dans le passé a aussi son grand charme, et les gens de ce caractère éprouvent un singulier plaisir à revivre ce qui a été déjà vécu ; ils y pensent plus souvent qu'à ce qui doit venir, et cette tendance se réalise en esprit familial. Le père et la mère le préoccupent autant que l'enfant, tandis qu'en certains pays et à certaines époques les premiers tendent à disparaître de plus en plus du souvenir. Ce retour incessant imprime une grande mélancolie, mais aussi une puissance poétique véritable. Un fait singulier se produit dont nous avons déjà apporté les preuves. Quelquefois, au milieu de cet attachement au passé, surgit tout à coup une idée nouvelle qui illumine l'avenir. C'est certainement Châteaubriand qui a renouvelé la littérature française au commencement du dernier siècle ; il est le père du romantisme qui, depuis, a enfanté lui-même d'autres écoles, mais c'est en voulant replonger dans le passé qu'il a trouvé ce point lumineux de l'avenir. De même, ce fut en cherchant la route des Indes, de la partie la plus extrême du Vieux-Continent, que Colomb découvrit le Nouveau-Monde. En effet, l'illustre écrivain a voulu ressusciter le christianisme, il y a réussi pour un temps, mais de sa tombe il a rapporté pour toujours le principe de l'art nouveau. De même, Lamennais et Renan, en agitant et en remuant toujours jusqu'au fond la foi chrétienne avec leurs doutes et pour ainsi dire leurs remords, ont montré une voie nouvelle d'exploration non avec le raisonnement ou l'observation précise, mais avec le sentiment conscient. Ce retour vers le passé n'a donc pas pour lui sa simple satisfaction, il peut être scientifiquement et artistiquement fécond.

Ce trait de caractère se retrouve dans les plus petits détails, même là où il semble devoir échapper. Par exemple, la rythmique celtique affectionne certains rythmes qui n'appartiennent guères qu'à elle et qui marquent bien cet esprit incessant de retour. Brizeux a mis l'un d'eux en honneur, c'est le ternaire. Dans cette strophe, la même rime, au lieu de revenir deux fois, suivant l'usage général, fait trois fois retour et l'unité est complète, le sens s'arrête. Un tel redoublement produit un effet singulier, fort mélancolique et exprimant bien le sentiment breton inné. Il suffit de citer cette belle stance de Brizeux :

Poète, il est fini l'âpre temps des épreuves,
Quitte nos solitudes veuves,
Et dors, libre et pensif, bercé par tes grands fleuves !

Cependant, nous ne voudrions pas prétendre que ce soit là le rythme le plus souvent employé; les stances binaires que l'on retrouve si souvent dans les chants colligés par de la Villemarqué et Luzel sont plus fréquents. Ils donnent bien une sensation analogue. Il s'agit alors, il est vrai, de rimes plates, mais formant deux à deux une stance, de sorte que l'insistance des consonnances y est encore très grande. Lorsque le poème est ainsi construit, mais continu comme en français, l'effet de retour est beaucoup moins sensible:

Par un soir de grand deuil de tous les bords de l'île,
Vers l'église on les voit s'avancer à la file.
....
Chacune elles avaient leur chapelet en main,
Lentement égrené par le triste chemin. (1)

3° *Retour vers le pays ou caractère nostalgique.* — C'est un des traits les plus communs du caractère breton ou celtique. Tout le monde sait quelle maladie étrange, d'abord morale, puis souvent physique, s'empare du Breton éloigné de son pays; c'est, dans toute la force du terme, un déraciné chez lequel le déracinement produit une douleur constante. Cet instinct n'est pas rare, il existe même chez les animaux; le pigeon voyageur le possède à un haut degré et on l'y utilise; beaucoup d'autres s'attachent aux lieux habités plus encore qu'aux personnes. Des peuples primitifs ont cette impulsion qui les pousse des extrémités de la terre à revenir chez eux, quand même leur sol serait ingrat et incapable de les nourrir. Il n'y a donc ici rien de nouveau, et il s'agit seulement d'une question de degré. Le Celte a

(1) Il faut noter dans le même sens les nombreuses allitérations et assonances de la versification galloise.

l'amour de son pays natal plus que tout autre ; cet amour est devenu proverbial. On cite souvent le cas du conscrit breton. Le service militaire est pour lui un épouvantail, surtout lorsqu'il était de très longue durée ; il lui préférait parfois la mort immédiate. Si seulement il y avait eu des régiments bretons, on s'y serait accommodé, car la patrie tient aux personnes qui nous environnent, autant qu'au sol. Si l'un des deux éléments demeure, tout n'est pas perdu. Mais à dessein et pour assurer l'unité nationale, on a dispersé ceux de la même province. Le conscrit breton se voit dès lors en détresse. Ce n'est pas cependant que la vie militaire lui répugne en elle-même, il ne manque pas de courage et il l'a souvent prouvé ; d'ailleurs, comme marin, il affronte bien d'autres dangers. Justement, ce qui est singulier, la marine, qui l'éloigne pendant des années de chez lui, ne lui cause pas la même répulsion. C'est que sur le navire il part accompagné de ses compatriotes, la pêche l'a préparé à la navigation, la mer n'est d'aucun pays, et s'il a quitté le sien, il ne va pas en habiter un autre. Nous n'avons voulu citer qu'un exemple, car le Breton qui laisse sa province pour toute autre cause, sans espoir d'y revenir, est longtemps plongé dans un désespoir profond. La pauvreté de son sol le force souvent à s'éloigner, il habite alors la France, qui est pour lui comme un pays étranger, dans une condition inférieure, mais de la pauvreté c'est là pour lui la plus dure conséquence, l'homme ne vit pas seulement de pain. On sait que cette demi-expatriation est fréquente pour l'homme et la femme du peuple des Bretons armoricains. Elle a lieu sous une double forme, celle de petites colonies ; on en compte surtout à Grenelle, Saint-Denis, Versailles, le Havre, Trélazé, Nantes. Là ils se retrouvent et conservent une certaine influence du pays natal, or l'isolement complet était le plus insupportable. Quelquefois il s'agit de l'expatriation complète pour le Breton qui émigre dans l'Amérique du Sud, par exemple, mais surtout pour les Irlandais, qui sont allés fonder aux Etats-Unis une véritable colonie, laquelle compte plus de dix millions d'immigrants. Il se produit alors deux phénomènes en sens contraire, mais tous les deux extrêmement curieux.

Nous avons dit quelle persistance du sentiment de la race existe chez les nations celtiques ; que va-t-il advenir quand les individus groupés ou isolés en seront définitivement séparés ? Dans le premier cas, on sait quel est l'avenir ordinaire des colonies ; après avoir conservé plus ou moins longtemps le lien qui les unit à la mère-patrie, elles s'en détachent volontiers, les intérêts sont devenus contraires ; la race subsiste, mais le climat et l'ambiance l'ont modifiée ; s'il faut une guerre pour couper le cordon ombilical qui rattache à la métropole, on la fera ; les Etats-Unis n'ont pas souvenir d'être issus de l'Angleterre, quoiqu'ils en aient conservé la langue. Il n'en est pas de même des colonies celtiques. Celle fondée par l'Irlande aux Etat-Unis a toujours les yeux tournés vers sa patrie ; elle a donné naissance au fénianisme, qui a été fondé à New-York en 1857 ; réunis à Philadelphie les Fénians proclamèrent la république irlandaise ; ils ont toujours continué de favoriser la résistance. En outre, la colonie aux Etats-Unis envoie à l'Irlande des secours de toutes sortes ; en 1896, une réunion tenue à Chicago a déclaré qu'il était temps de lever une armée permanente irlandaise en Amérique ; une oratrice, Miss Maud Gonne, y a fait appel à l'insurrection et c'est à l'instigation des Fénians, qu'ont eu lieu les explosions à la dynamite de 1883 à 1884 et 1885 en

Angleterre. Ainsi se reforme au-delà des mers une nouvelle Irlande qui ne songe point à son autonomie propre, comme tant d'autres colonies, mais seulement à la résurrection de sa métropole. C'est une preuve de cet esprit de retour qui n'abandonne jamais la race celtique.

Ce même esprit n'est pas moindre chez les individus épars; cependant il produit ici un effet à la fin tout contraire. Il s'opère rapidement une sorte de *dissociation mentale*. La nostalgie saisit violemment les Bretons et plus encore les Bretonnes à leur arrivée dans une ville étrangère où ils sont isolés. La plupart des domestiques à peine placées reviennent pleurer, dit-on, des heures entières à l'établissement charitable qui leur a procuré cette place, et demandent à être rapatriées. Mais bientôt elles secouent ce joug du souvenir, le déracinement est complet et non seulement elles ne pratiquent plus, mais elles renient tout leur passé, elles se livrent à la débauche avec une sorte d'inconscience; loin de leur terrain, elles ont perdu toutes leurs qualités natives. Il en est jusqu'à un certain point de même des Bretons de conditions supérieures. Renan a bien décrit cet état. Ce qu'il y a, dit-il, de cruel pour le Breton dans le premier moment de sa transplantation, c'est qu'il se croit abandonné de Dieu comme des hommes, sa douce foi dans la moralité générale du monde est ébranlée; la voix du bien et du bonheur parait devenue sans timbre. Le caractère breton serait ainsi inséparable de son milieu; il en a besoin pour vivre, pour penser et pour croire. Cette peinture imagée est exacte et Renan en a peut-être fait l'expérience personnelle. Ainsi le caractère celtique se dissout subitement quand il est mis à ce genre d'épreuves, de même que certaines substances chimiques se combinent à certains degrés de chaleur, se dissocient à certains autres. Le motif en a été déjà recherché, et a semblé assez obscur. Le fond de nostalgie qui persiste chez les groupes devrait durer chez les individus, puisqu'il est essentiel. Un tel résultat, en réalité, est l'effet de cette nostalgie même ; si l'on veut revenir au pays, ce n'est pas surtout parce qu'on l'aime, mais parce qu'on en a besoin pour se soutenir, pour se compléter mentalement. Lorsque le choc est trop violent, la mentalité se désorganise, redevient amorphe, est déformée pour toujours. D'ailleurs le Celte, malgré sa religiosité et sa gravité, a, comme le Gaulois, une certaine légèreté de caractère que nous décrirons bientôt.

Les plus grands hommes eux-mêmes de la race celtique ont subi cette influence ; leur religiosité complète, leur idéal, leur adhérence au pays et au climat natal, pour ainsi dire, ne se sont bien conservés que lorsqu'ils ne l'ont pas quitté. Mais une fois définitivement partis, ils l'oublient, le chantent rarement, le subordonnent en tous cas à d'autres passions et à un autre idéal ; il ne semble même pas qu'il leur soit longtemps pénible de s'être éloignés. Châteaubriand n'a jamais chanté la Bretagne, et « la douce souvenance du pays de son enfance » n'a été qu'un éclair rapide ; s'il y revient avec plus de morosité dans les *Mémoires d'Outre Tombe*, c'est en raison de la complaisance qu'un grand homme met toujours à raconter son enfance avec la couleur locale. Il a préféré chanter l'Amérique, la Grèce, l'Orient, le Christianisme officiel, et sauf l'épisode de Velléda, il consacre le surplus de son talent à la France. Lamennais soulève des controverses philosophiques enveloppées de sentiment, mais qui sont de tous les temps et de tous les pays. Renan a des retours vers la Bretagne, mais c'est aussi dans ses souvenirs d'enfance ; il l'a quittée pour ne presque plus y revenir, il est Français d'abord, puis amoureux des régions orientales et bibliques. Brizeux est peut-être le seul dont les vers sentent la nostalgie constamment, mais c'est en définitive loin de la Bretagne, et non sans une certaine rancune, qu'il passera sa vie. C'est que son propre pays lui fut peu favorable, et qu'il ne lui donna même pas de son vivant la renommée à laquelle il avait droit.

3° *Fidélité*

L'attachement au passé et au pays qui est l'un des traits les plus connus et les plus marqués du caractère breton entraîne une autre disposition d'esprit. On s'est plu à orner la mentalité bretonne de beaucoup de qualités dont quelques-unes sont contestables, la franchise par exemple, pour laquelle on a établi parfois un parallèle entre lui et son voisin, le Normand. Sans doute la brusquerie et une certaine dureté donnent les apparences de la franchise, mais les apparences seulement, et il n'est pas prouvé qu'elle soit aujourd'hui bien réellement l'apanage de notre province. Le caractère du Breton est taciturne, son parler, laconique, et quand quelqu'un parle peu, on croit volontiers que des paroles de prudence et de vérité seules, après une longue élaboration, doivent sortir de sa bouche. N'est-ce pas au contraire que le Breton se serait donné le temps de dissimuler? De même, avec son exubérance le Provençal semble tout en dehors et sa volubilité paraît garantir sa franchise; pour un motif inverse on le juge de la même façon. Dans les deux cas, on a tort et on conclut d'après des faits trop superficiels. Au contraire, la fidélité peut être revendiquée par la race celtique, comme l'un de ses principaux traits. L'histoire entière le prouve, et d'ailleurs la logique le veut. Lorsqu'on s'est environné de liens très forts et très subtils qui nous rattachent d'une part à tous les siècles passés, d'autre part à notre pays natal, cette habitude du lien nous porte à en recevoir et même à en rechercher d'autres, les liens personnels. Ce seront d'abord ceux de la famille, le goût de celle-ci est très développé chez les Celtes, puis ceux de l'amitié, enfin ceux de la dépendance sociale. Malgré sa farouche indépendance collective, chaque Breton pourra donc facilement s'unir d'amitié et même se vassaliser, d'ailleurs sans servilité aucune, car il donnera plus de lui-même qu'il ne recevra ! Cette fidélité l'amène aussi bientôt à un complet altruisme, il se sacrifiera pour autrui sans attendre aucune récompense. L'héroïsme en sera la conséquence dernière. Le désintéressement du Celte est une de ses plus grandes vertus individuelles. Mais cet avantage est dépassé par les dangers qu'il entraîne. La fidélité est souvent aussi pernicieuse qu'elle est belle. D'abord celui qui en profite peut être un ingrat, et l'on s'aperçoit alors avec mélancolie qu'on a fait fausse route et qu'on s'est dépensé pour un indigne. Puis, en faisant ainsi abnégation de soi pour un autre, on s'est affaibli, car, si l'on avait employé sa force dans son propre intérêt, on serait devenu supérieur soit au dehors, soit même dans sa valeur instrinsèque. En outre, une certaine vassalité en est la conséquence inéluctable, ce qui amoindrira toujours un peu. Enfin, ce qui est plus grave, si l'homme à qui l'on s'attache ainsi n'est pas de notre race, on prive celle-ci des services qu'on aurait pu lui rendre et qui auraient sans doute assuré son indépendance. L'histoire confirme ces données logiques. L'Armorique a été féconde en grands hommes d'Etat, en illustres guerriers, et on peut affirmer que grâce à eux elle a plusieurs fois sauvé la France; or, elle sauvait ainsi son ennemie d'alors qui ne lui en sut aucun gré. Il suffirait de citer Duguesclin. On sait quel rôle unique il a joué dans l'histoire de France, aussi bien que dans celle de Bretagne, mais c'est la France seule qui en a profité. Sans doute, il y avait communauté d'intérêts et le point de départ fut la Bretagne, l'Anglais était l'ennemi héréditaire. Cependant il n'en avait pas toujours été de même, et la Bretagne avait tenu la balance entre les deux ; Duguesclin la rompit et ce ne fut ni à son avantage personnel ni à celui de son pays. Il s'attachait à la personne du roi Charles V et à un tel point que l'autonomie de la Bretagne et de son duc en fut diminuée. Il en a été de même de Richemond, quoiqu'il soit devenu duc de Bretagne, mais lors de ses exploits il ne l'était pas et il s'attachait au roi Charles VII. On prétend même aujourd'hui que celui-ci et la France elle-même ne furent point sauvés en réalité par Jeanne Darc, mais surtout par Richemond et l'on oppose à l'héroïne française le guerrier breton. Est-ce bien exact ? Il est permis de douter de cette découverte historique, car les passions politiques semblent obscurcir en ce moment l'auréole de Jeanne ; trop dévote pour les uns, trop hérétique pour les autres, énigmatique pour tous, on a cherché à diminuer cette grande gloire chantée avec tant d'ardeur par Michelet. En supposant exact que Jeanne n'ait fait que ranimer le courage et que les vrais succès militaires soient dus à Richemond, celui-ci serait d'une valeur dépassant celle de Duguesclin ; il se serait effacé en se mettant au service de la France et de son roi, et s'il avait appliqué ses talents et son courage à défendre et à rendre indépendant son vrai pays, il aurait mieux mérité de la Bretagne. Il en est de même du maréchal de Rieux qui fut son auxiliaire. Le roi de France, en créant ces connétables, avait détourné de la Bretagne leur force pour se l'approprier. Charles voulut annexer la Bretagne à la France. Duguesclin ne prit pas parti et s'empressa d'aller guerroyer en Guyenne; mais cette neutralité n'était-elle pas déjà excessive? D'ailleurs, c'est partout que vont guerroyer en France ces grands capitaines sur l'ordre et au profit du roi. L'Angleterre et la France se disputaient la Bretagne ; c'est contre les deux qu'il fallait agir et non pas faire le jeu de la France ; mais c'est qu'alors on s'attachait bien plus aux souverains qu'aux pays; le caractère des Bretons se prêtait davantage encore à ce système par sa fidélité native, et c'est ainsi qu'une qualité précieuse dans le caractère individuel devint funeste pour l'avenir national. Il faut cependant faire exception pour Clisson ; quoiqu'il fut l'un des trois connétables, dignité dont il fut d'ailleurs déclaré déchu par les oncles de Charles VI, il resta toujours indépendant et du duc Jean de Montfort et du roi de France et du roi d'Angleterre, ce qui donnait pour ces temps un exemple d'individualisme rare, car les liens féodaux avaient surtout établi la dépendance de personne à personne.

Une fois incorporés à la France, les Bretons conservèrent cette fidélité chevaleresque, convertie en loyalisme, et les rois de France n'eurent pas parmi leurs hommes d'élite de plus ardents défenseurs. C'est cette fidélité qui fut cause en partie des guerres des provinces de l'Ouest pendant la Révolution ; les Bretons se battirent au nom du roi de France et à son profit, quoique les rois aient souvent à travers l'histoire persécuté cruellement la Bretagne, et quoiqu'ils dussent plus tard se montrer fort peu reconnaissants. Le Parlement venait à peine de subir les violences de la royauté et les exactions fiscales étaient à peine commises, qu'avec une générosité extrême les Bretons versèrent pour elle leur sang. Que ne l'avaient-ils pas versé plus tôt pour eux-mêmes afin de garder leur indépendance ! Tel a été le résultat funeste de la fidélité bretonne, cependant c'est une qualité aussi solide qu'éclatante qui ne peut que faire honneur au génie d'une race.

En effet, c'est elle qui se retrouve non moindre chez les Irlandais. Les rois d'Angleterre les avaient persécutés ; cependant ils soutiennent avec héroïsme dans son infortune le roi Jacques II, et ils auraient peut-être triomphé sans l'inertie et l'impéritie de ce dernier.

4º *Caractère mélancolique et poétique*

Le dicton : *Bretagne est poésie* a été souvent prononcé ; il est parfaitement exact. Ce n'est pas qu'il n'existe en France et ailleurs des poètes aussi nombreux et d'aussi bons poètes, mais il s'agit plutôt ici de poésie latente et diffuse, ce qui n'empêche pas d'ailleurs de temps à autre ce qu'on peut appeler la poésie expresse d'éclater. Deux qualités celtiques se tiennent d'ailleurs de près : la mélancolie, la poésie ; examinons d'abord la première. Ici la partie Gaélique de la race concourt avec la partie armoricaine et l'on entend les mêmes chants pénétrants et monotones des deux côtés de la Manche.

Ce n'est pas seulement le caractère breton qui a été généralement remarqué pour sa tristesse innée, mais c'est aussi le sol breton, pour sa mélancolie ; l'un est facteur de l'autre et il est certain que, si le Celte avait vécu sous un ciel plus clair et plus chaud, son âme se serait modifiée. Cependant ce trait existe dans le fond ethnique, cela est si vrai que l'Irlandais, quoiqu'il habite un sol aride sous un ciel rigoureux, n'en a pas moins un caractère un peu différent, plus gai, plus vif et qui rappelle celui qu'on attribuait aux anciens Gaulois, et cela parce qu'il forme un rameau différent de la race. Les Celtes ont un tempérament grave et sévère, probablement depuis l'origine, mais beaucoup de causes intérieures et extérieures autres sont venues accentuer encore cette innéité.

C'est d'abord l'esprit religieux animant toute cette race ; la religion tourne tout l'homme vers le passé, et aussi, en ce qui concerne l'avenir, presque uniquement vers la mort, celle-ci est remise constamment sous ses yeux par les cérémonies de l'Eglise, par le culte des ancêtres, et les mille superstitions petites et quotidiennes qui entourent les grandes idées. Sans doute, il en est de même chez beaucoup de peuples, mais ici davantage. Le Breton vit dans une communication incessante avec l'au-delà. Une religion aussi sévère que le Christianisme, lorsqu'elle est crue sincèrement et totalement comme en Bretagne, doit influer dans ce sens avec énergie, et il faut y joindre toute la préreligion que nous avons décrite, religion animiste qui peuple chaque site de la nature d'âmes et de démons alternant avec les nains et les fées. La mythologie riante des Grecs n'a pas peu contribué à leur bonne humeur, la religion sombre qui est devenue celle des Celtes a collaboré avec la race pour en faire un peuple *mélancolique,* triste d'habitude, un peuple courageux contre les dangers de la vie, mais terrorisé par les fantômes d'au-delà de la mort. Pour lui, en effet, mort et religion se confondent. Il ne peut oublier un instant ni l'une ni l'autre, puisqu'une foule de pratiques lui en rappellent sans cesse le souvenir.

Tel est le facteur intime ; une foule d'autres extérieurs viennent s'y joindre, c'est d'abord et surtout le milieu géographique. Dans l'Armorique, la nature est lugubre, soit au centre, soit sur les côtes. Au centre sont les forêts, et depuis que beaucoup ont été défrichées, restent les landes ; dans la Haute-Bretagne, les terres cultivées sont plus fréquentes, mais là-bas elles ont été très rares ; ce sol aride était une cause de pauvreté, d'efforts, et auparavant procurait déjà un sentiment pénible. Sur les côtes, le spectacle d'une mer sauvage, munie d'écueils, à rives abruptes, frappait davantage l'imagination ; d'ailleurs, cette mer il fallait l'aborder, la braver, en vivre ; avant même d'être marin, on était nécessairement pêcheur ; or la pêche a déjà ses grands périls quand l'ouragan particulièrement terrible dans ces parages vient à souffler.

Après le pêcheur, le marin. Sa vie isolée sur les voiliers était de plus en plus assombrissante, d'autant plus que le gain qui déride venait rarement. Landes, forêts, monts, rivages, mer, tout conspirait pour pénétrer l'âme armoricaine.

Le même cadre environnait le Celte de l'Ecosse, un peu modifié cependant ; c'était surtout un montagnard, mais la montagne vaut la mer pour l'impression et d'ailleurs la mer n'était pas absente ; aussi l'Ecossais, comme ses chants le prouvent, rivalise avec l'Armoricain pour la tristesse. Il rivalise aussi pour la stérilité du sol. L'Irlande, la verte Irlande, n'a pas un aspect aussi austère, mais c'est une île, c'est-à-dire un sol isolé par définition.

Que si le Breton se tournait vers la Société dont le seul mouvement nous arrache aux impressions mélancoliques, il n'y trouvait pas la distraction ordinaire. Sauf dans les grandes villes, il restait épars ; de grands espaces séparaient les fermes et les villages. Dans les villes mêmes et dans l'ensemble du pays il ne trouvait point le conglomérat puissant, l'organisation, l'unité qui rassure. L'autonomie même de la province fit défaut. Il ne fut jamais complètement indépendant. Posséder la souveraineté est le grand incitant ethnique ; les peuples qui ne l'ont pas connue se sentent inférieurs à eux-mêmes.

Deux éléments viennent clore la série de ces puissants facteurs, l'isolement dont nous parlerons un peu plus loin, et la pauvreté. Ce dernier aurait suffi. Le Celte, et c'est là sa grande infériorité sociale, ce serait même son annihilation si l'on adoptait entièrement les principes du matérialisme historique, a toujours été, il est encore pauvre, c'est son incurable maladie. Beaucoup des habitants de l'Armorique ne peuvent gagner leur vie ; partout la faim les chasse ; dès le moyen-âge ils quittent le pays pour combattre ailleurs comme mercenaires ; aux XVIe et XVIIe siècles, ils vont peupler les colonies d'Amérique, c'est un Breton, Jacques Cartier, qui les emmène au Canada, cette nouvelle France qu'on pourrait appeler une nouvelle Armorique, car elle a eu les mêmes destinées ; aujourd'hui encore ils émigrent soit pour former des colonies dans les grandes villes de France, soit à l'Etranger, surtout dans les républiques américaines du Sud ; aussi en Bretagne la population décroit sans cesse. La fécondité bretonne, le chiffre considérable des naissances, augmente encore cette indigence. Est-il besoin de mentionner la misère proverbiale de l'Irlande, l'émigration formidable qui en est la conséquence, si bien que la question économique a fini par y supplanter la question religieuse, et que le plus catholique des peuples est devenu les plus nihiliste ? L'Amérique est pour l'Irlandais une seconde patrie, presque aussi étendue et plus clémente que la première. Comment ne pas être triste, et, ce qui est plus marqué, triste héréditairement parmi cette misère, car cette tristesse s'est accumulée, par la persistance des facteurs, de générations en générations?

Telles sont les causes dont le confluent est la mélancolie de toute la race. Cette mélancolie peut se constater partout, elle est l'état permanent qui résulte de moments innombrables de tristesse soufferte ; quand même la race serait transportée dans un milieu plus favorable, elle subsisterait. On peut le constater chaque jour et dans les moindres actions. Le langage est lent, traînant, chantant, ce qui ne le rend pas plus harmonieux, au contraire; une certaine indolence que nous décrirons, une paresse de corps et d'esprit, le manque même de propreté qu'on a souvent reproché avec raison, sont la conséquence d'un désintéressement de la vie. On ne forme pas de grands projets, on ne sollicite point l'avenir, on vit dans le présent et le passé seulement. Les danses ont un caractère grave, l'amour lui-même a le pas solennel, la religion contribue à rendre demi-mystique, ainsi que le tempérament concentré de la race, souvent lascif en même temps. Les pratiques religieuses, trop fréquentes, n'ont plus rien qui rebute, ce n'est point par effort qu'on s'y livre, mais par goût, et ce qui fait ce goût, c'est que l'esprit de cette religion est conforme au génie ethnique par une semblable tristesse. Le plain-chant berce cet état d'âme qu'il ne brusque point, n'excite point, mais apaise et a parfois la bienfaisance d'endormir. Les assemblées, les fêtes du peuple où périodiquement la joie vient interrompre le travail et l'ennui ont un caractère particulier ; ils ne se relient point aux fêtes religieuses, seulement par la forme, mais par le fond même, ils deviennent les pardons. Ces pardons, une des principales curiosités de la Bretagne, ont été souvent décrits, ils forment une sorte de lien social rudimentaire, comme les assemblées amphyctionniques en Grèce. Mais ces fêtes sont dans la plus grande partie de leur durée tellement religieuses qu'un caractère de gravité et de mélancolie les accompagne jusque dans leurs éclats.

La tristesse bretonne se manifeste encore dans les curieux calvaires qui font notre admiration. Ceux-ci sont souvent situés auprès des cimetières et des ossuaires. Ils parlent eux aussi de la mort, de la mort divine, dans tout son entourage et ses détails. Ce sont eux que l'on rencontre dans les campagnes, qu'on prend pour étapes des voyages et dont l'aspect vient reposer pendant la route. C'est une diversion qui ne tranche pas sur le fond de la vie, mais qui en accentue de temps en temps et en résume les actes et les pensées.

De même que les danses et plus encore, les chants bretons ont un caractère de mélancolie qui ajoute à leur monotonie, mais cela est commun à beaucoup de peuples et tout objectif. Ce qui est particulier et subjectif c'est que tous ou presque tous les airs bretons sont en mode mineur, on sait combien cette altération modifie l'impression du rythme musical. On peut dire que ceux en mode majeur ont un effet entrainant, réconfortant, sinon réjouissant, tandis que les autres sont profondément mélancoliques. Toutes les distances entre les notes se trouvent déplacées. Il est impossible de rendre un compte raisonné de cet effet, mais il est vivement senti par toutes les oreilles, même celles peu sensibles.

Tel est un des traits les plus marqués du caractère breton, et cependant on peut objecter que le Celte ne reste pas toujours enveloppé dans ce deuil continu, qu'il en sort de temps à autre, et qu'alors sa joie est démesurée ; les cris, les coups, l'ivresse, la débauche y éclatent ; qui ne connaît les bordées du matelot breton ? C'est le plus terrible de ceux qui s'amusent, quand il s'amuse, et il est bon de ne pas se trouver sur sa route. La Bretonne elle-même est souvent légère, coquette ou mondaine à un degré qui n'est dépassé dans aucun autre pays.

Cela est vrai, mais c'est précisément la preuve la meilleure de l'état que nous venons de décrire. Après une longue compression, quand même cette compression ne viendrait que du caractère, l'homme éprouve le besoin d'en sortir et il ne peut le faire que violemment, il ne pourrait, comme d'autres, prendre un tour raisonnable de plaisir et de fête, il lui faut oublier complètement sa vie quotidienne. C'est ce qu'il essaie de faire et ce qui le conduit parfois à une complète ivresse, pour se procurer d'un coup la joie difficile pour lui. Dès lors, il ne se connaît plus, mais le lendemain il se repent tout honteux. Ce qui le prouve, c'est que c'est surtout à la fin des fêtes religieuses, des pardons, qu'il agit ainsi. Le summum de tension a amené le maximum de détente.

La mélancolie bretonne conduit tout droit à la poésie, surtout à celle immanente, instinctive, que souvent le poète ne manifeste que pour lui ou pour ses proches, sans ambition aucune, pour le seul plaisir de créer. Il faut, en effet, distinguer ici la poésie populaire et la poésie lettrée ; tandis que dans beaucoup de pays la première a disparu devant la seconde, ici elle est persistante et c'est la plus intéressante à étudier.

La poésie populaire bretonne existe depuis longtemps, celle de l'Irlande est plus ancienne encore. Elle comprend les gwerz, les sônes et les mystères. Le gwerz est le chant épique historique ; le sône est le chant lyrique ;

le mystère est le drame; dès les temps les plus anciens, les bardes ont formé une sorte de classe adonnée à la fois à la composition et à la diction des œuvres poétiques, comme en France les troubadours et les trouvères; c'est surtout aux veillées et, en outre, à certaines fêtes, les aires neuves, les pardons, qu'on les voit apparaître; ils sont tout à fait semblables dans la Bretagne de France et dans celle d'Angleterre; c'est de ce dernier pays qu'ils sont originairement venus chez nous. Parmi les Gallois, on cite surtout Taliésin et Gwinchlan; parmi les Armoricains, Saint-Hervé et Cadiou; les bardes se sont conservés sans interruption jusqu'à nos jours. Yann ar Gwenn, rappelé par Brizeux, le barde aveugle, Yann ar Menoùs sont les plus connus de ceux du siècle dernier. Ils composaient, écrivaient, chantaient, distribuaient leurs chansons bretonnes, se rendant de paroisse en paroisse. Ce sont ces pièces qui ont été colligées depuis et ont formé les recueils de la Villemarqué, de Luzel et d'autres, si poétiques; c'est toujours en vers, non en prose que cette éclosion a eu lieu. Ce ne sont pas seulement les bardes populaires de profession qui ont créé cette littérature, tous les Bretons se mettaient à l'œuvre, car chez eux la poésie coule de source, des personnes de toute profession, filandières, tailleurs, tisserands. Le goût le plus vif du peuple était réservé pour les mystères, ces drames primitifs. Le mystère de Jésus, ceux de sainte Nonn, de sainte Tryphine, de sainte Geneviève, des quatre fils Aymon, de sainte Barbe, de saint Guénolé sont devenus classiques à leur manière; ils ne semblent remonter d'ailleurs qu'au XIVe ou au XVe siècle. Comme en Grèce, la représentation avait lieu souvent en plein air. Les Bretons se pressaient en foule à ces représentations, comme ils le font encore. Ce qu'il faut remarquer en passant, c'est le caractère sombre de ces drames, où l'on va quelquefois jusqu'au paroxysme de l'horreur, comme dans le mystère de sainte Nonn; en tout cas, le ton en était toujours grave et empreint de la tristesse de la race.

De nos jours, un Breton, d'ailleurs d'un talent remarquable, donne bien une idée de cette poésie populaire. Il compose, il est vrai, en langue française, mais il chante uniquement la Bretagne, il a bien le ton de la race celtique; d'autre part, comme les bardes, il compose lui-même les chants ou les pièces qu'il va déclamer ou représenter, ce qui n'a pas lieu d'ordinaire dans la poésie lettrée; il conserve encore en cela la tradition. Tout le monde l'aura reconnu. Mais il chante en français, et sur ce point manque, hélas! la ressemblance. S'il eût chanté en breton, il aurait peut-être marqué la résurrection du bardisme celtique.

En Irlande, en Galles, les productions poétiques spontanées sont innombrables aussi, et, en outre, c'est là surtout que sont nées les grandes légendes épiques qui sont à la race bretonne ce que l'Iliade et l'Odyssée furent à la Grèce, la Chanson de Roland à la France et les Niebelungen à l'Allemagne; c'est de là qu'elles furent importées en Armorique. Il ne s'agit plus du temps préreligieux et préhistorique marqué par le Merzin des Gallois et le Merlin des Bretons, mais du temps, historique déjà, où les Celtes d'outre-Manche luttaient contre les Saxons pour conserver leur indépendance. Ce qui est plus remarquable encore que l'existence de ces puissantes épopées, c'est leur rayonnement sur la France elle-même et sur toute l'Europe.

Le héros central de ces poèmes héroïques, autour duquel tous les autres viennent se grouper, c'est le roi

Arthur, celui qui lutta longtemps pour cette indépendance. C'est au VIe siècle que florissaient dans le pays de Galles les bardes Aneurin, Taliésin, Llywarch, Merzin; les émigrants emportaient leurs chants avec eux. Le roi Arthur n'avait, en réalité, rien du rôle élevé dont la poésie l'a investi, c'était un chef barbare et violent, toujours en guerre, juste ou injuste, ayant enlevé la femme d'un chef voisin et lui-même subi le même sort ; il ne régnait même pas sur Galles tout entière ; tantôt vainqueur, tantôt vaincu, il ne put que retarder l'invasion par la bataille de Hills, gagnée par lui. Mais il est transformé par l'imagination, on en fait le type de la chevalerie avec ses gloires et ses délicatesses. Cette chevalerie prend la nuance du caractère celtique. Celle française de la Chanson de Roland est une chevalerie purement guerrière avec l'honneur guerrier; celle-ci introduit un élément nouveau que nous retrouvons aussi ailleurs, chez les troubadours, celui du culte féminin mêlé sans doute d'aventures galantes, mais non grossier; la teinte mélancolique n'y fait pas défaut. Les contes populaires des anciens Bretons sont rédigés d'après les ouvrages gallois. Au nom d'Arthur, resté si populaire, est associé celui de la Table-Ronde qui, à son tour, donne le sien à l'ensemble de cette littérature. Les principaux héros sont Merlin, Lancelot, Ivain, Tristan; dans un ordre d'idées différent, l'ordre religieux entrant si bien dans l'esprit celtique, il faut noter Parcival ou la recherche du Saint-Graal.

Mais, nous l'avons dit tout à l'heure, ce qui est plus remarquable, c'est l'influence que cette littérature épique de la Bretagne eut sur la littérature française naissante. Comme on le sait, cette dernière, au point de vue du poème, comprend trois cycles bien distincts : le cycle français ou carolingien, le cycle breton, et le cycle des sujets classiques, Ulysse, Alexandre, etc. Le second tout entier est de source bretonne. Tous les sujets traités par les Gallois et les Bretons furent repris et en vers et en prose. Chrétien de Troyes y emprunta son *Chevalier au Lion,* et, en prose, Marie de France raconta à son tour *Lancelot.* Wace composa le roman de *Brut,* où il chante de nouveau les faits et gestes des rois de la Grande-Bretagne. Le pays celtique fut donc le point de départ de toute une floraison de poésie et la France vint y cueillir une ample moisson.

Ce ne fut pas seulement la France. A son tour, l'Allemagne est venue y puiser, par l'intermédiaire de la littérature française sans doute. A son tour, elle chanta Tristan et Isolde et beaucoup d'autres personnages de la Table-Ronde. Elle y joignit sans doute ses propres épopées, dans les *Nibelungen* par exemple, mais parfois elles ne sont que des épopées celtiques transfigurées.

Ce qui est plus remarquable encore, c'est que le poème breton, après avoir passé de Galles en Armorique, d'Armorique en France, de France en Allemagne, nous est, de nos jours, revenu de ce pays dans l'œuvre wagnérienne. Le grand musicien a été le chantre de Parsifal ; nous pouvons retrouver notre bien partout.

A côté de cette poésie celtique de l'Armorique, ou plutôt de la Basse-Bretagne, se présente à l'observation celle de la Haute-Bretagne, soit populaire, soit lettrée, qui chante ou écrit en français. La poésie populaire ne se distingue pas beaucoup de celle des autres provinces, elles ont été recueillies par le folk-lore, surtout en l'Ille-et-Vilaine ; on y remarque seulement une teinte plus mélancolique. Quant à la poésie lettrée, la plupart des poètes bretons et français n'ont pas chanté la Bretagne ;

il existe cependant quelques exceptions que nous avons citées. La principale est certainement celle du poète Brizeux. Mais c'est un poète bretonnant en partie : l'auteur de *telen arvor*, cependant il est supérieur comme poète français, là il a chanté presque constamment la Bretagne, employant même les rythmes particulièrement bretons, le ternaire, le distique ; par là encore, il s'en rapproche. Enfin, l'impression qu'on éprouve en le lisant est bien une impression bretonne ; ses chants sont empreints d'une mélancolie profonde et l'amour voilé qu'il décrit est bien celui d'un Breton. Sa religiosité même a le caractère spécial de celle de notre race.

Mais la poésie armoricaine de la Haute-Bretagne n'est pas toute dans les vers ; la plus forte partie en est contenue dans la prose, et, dans cet ordre, il faut citer surtout Châteaubriand, qu'on pourrait surnommer le poète en prose. Ne faut-il pas y comprendre aussi beaucoup de pages ardentes ou rêveuses de Lamennais, de Souvestre, de Jules Simon et surtout de Renan ?

5o *Individualisme, isolement, originalité*

Nous joignons tous ces traits de caractère parce qu'ils dépendent les uns des autres et s'engendrent pour ainsi dire, et aussi parce que l'un nuance souvent l'autre, le particularise et fait qu'un trait qui serait commun à la race bretonne et à d'autres n'appartient, ainsi constitué, qu'à celle-ci.

L'individualisme est une qualité humaine et sociale bien connue ; elle a été surtout étudiée dans ces derniers temps, d'autant plus qu'on en avait devant les yeux de parfaits spécimens. Il forme l'exception ; la plupart des peuples sont sociétaristes, c'est-à-dire que l'individu s'y fond, soit en totalité, soit en très grande partie, dans la société qui l'absorbe. Tels étaient les Grecs et les Romains; la patrie était tout pour eux, les individualités lui étaient sacrifiées ; à Sparte, la famille elle-même disparaissait devant l'Etat. Il en est ainsi à plus forte raison dans les gouvernements absolus de l'Orient, où le monarque personnifie la société. Les nations latines ont recueilli ce caractère comme héritage ; elles sont essentiellement étatiques, un niveau commun s'étend sur eux ; la liberté, l'égalité y sont souvent des mots et des fictions. Il en est autrement des peuples germaniques ; jamais l'individu n'y a perdu entièrement ses droits et il les a vite complétés. L'*habeas corpus* a été une des maximes les plus anciennes et les plus célèbres de l'Angleterre. C'est en ce pays que l'individualisme germanique s'est le mieux développé ; chaque Anglais est jaloux de sa personne et de ses droits ; au lieu de s'en remettre à des fonctionnaires publics, il poursuit lui-même les infractions dont il est témoin ; il n'a voulu de bonne heure être jugé que par ses pairs, a imposé à ses rois la Grande-Charte, et le gouvernement par excellence est chez lui ce gouvernement mutuel, exercé réellement par tous, qu'on appelle le *self-government*, le gouvernement par soi-même. Les Etats-Unis d'Amérique ont encore développé ces principes, ils y ont ajouté tout de suite la liberté religieuse, qui couronne l'autonomie de l'individu. Le contraste est très marqué entre les peuples individualistes et les autres ; une foule de qualités et de défauts en dérivent. Chez les individualistes, chaque individu possède une beaucoup plus grande valeur, il se suffit à la rigueur à lui-même, tandis que chez les autres, dès que l'appui de l'Etat lui manque un seul instant, il ne peut plus rien. Aussi a-t-il l'approbation de tous les psychologues. Cependant la force sociale peut en être un peu affaiblie, la minorité se soumet plus difficilement à la majorité ; le manque de cohésion, les guerres civiles, sont à craindre.

Il faut ranger tous les Celtes parmi les individualistes. Ils l'étaient déjà en Gaule avant le temps de Jules César, si l'on en croit ses chroniques ; les peuplades étaient séparées, guerroyaient entre elles et pouvaient difficilement s'unir. Il en fut de même en Irlande, où il y avait plusieurs royaumes. De même, l'Armorique était divisée en beaucoup de principautés, leur réunion en royaume pendant quelque temps, puis en duché, fut plutôt nominale. Dans ce duché, il y eut même deux capitales, Rennes et Nantes, qui l'étaient alternativement. Aucune communauté d'idées et de langage n'existait entre la Haute et la Basse-Bretagne. Il y a là sans doute un état matériel et géographique, mais l'état psychique était synchronique ; en une telle situation, il ne pouvait se former un lien social très fort. Les villes et les villages étaient d'ailleurs distants les uns des autres. Il n'y avait pas non plus d'intérêt économique commun ; cet état ne se produit que dans les pays relativement riches, la pauvreté laisse chacun chez soi dans ses occupations, sans avenir et sans échappée.

Comment se fait-il que des peuples si contraires, l'anglais, le breton, se distinguent tous les deux des autres par ce trait commun de l'individualisme ? C'est que leur individualisme n'est pas identique. On peut être individualiste en restant dans la société, parmi une population très dense et très active, aux travaux de laquelle on prend part ; c'est ce que fait l'Anglais ; il délibère en commun dans des meetings, travaille en commun dans de vastes usines et forme avec ses compatriotes d'immenses colonies ; cependant il ne se confond jamais psychiquement dans cette foule, il n'y voit que l'extérieur de lui-même, l'intérieur est tout entier réservé, sa pensée, ses sentiments et surtout sa volonté ; aussi il supporte facilement la solitude, sans la rechercher parce qu'il sent qu'elle constituerait pour lui une faiblesse. Au contraire, le Breton n'est pas seulement un individualiste, c'est, de plus, un solitaire de goût, il se suffit ; non pas qu'il n'aime aussi les plaisirs bruyants, mais il rentre ensuite en lui-même. D'ailleurs, qu'il le veuille ou non, il est isolé, et c'est le second côté de ce trait de son caractère ; son isolement, même forcé, déteint sur son individualisme et lui donne une nuance particulière. Il arrive à accomplir seul une action d'éclat, à proposer une grande idée, à se faire admirer d'un public, mais un moment, et si pour cela il lui faut être accompagné, l'acte fait, il se retire de nouveau dans son isolement. Son individualisme est ainsi plus grand, il aboutirait facilement à une séparation du monde entier.

Voici quel en est le développement et nous devons citer tout de suite des exemples. Tout d'abord, le Breton se plaît à ne pas entrer dans une hiérarchie sociale dont il dépendra ensuite, cette hiérarchie fut-elle celle de son propre pays. Il veut agir indépendamment, même dans l'intérêt commun. Ses grands marins sont facilement des pirates ou des partisans faisant la guerre à leurs frais et pour leur compte ; il en est ainsi de ses grands guerriers. Ils ont aimé les duels collectifs, convenus ; le combat des Trente, devenu si célèbre, entre Beaumanoir et Pembroch en est une preuve ; la rencontre a lieu au pied de l'unique chêne qui se dresse dans une lande. Au plus fort du combat, Beaumanoir demande de l'eau. « Bois ton sang, Beaumanoir ! » lui crie Geoffroy de Blois. C'est bien là l'héroïsme de l'indépendant ; on eût contre le Français déployé le même courage. C'est de la même façon qu'opère souvent Duguesclin ; en 1356, il s'empare ainsi du château de Fougeray; déguisé en bûcheron, il se présente à la porte, on lui ouvre ; à un signal, il fait accourir sa petite troupe, postée non loin de là ; l'alarme donnée, il lutte seul contre sept Anglais ; le château est pris et, suivant l'usage, la garnison massacrée. Il aime, tout Breton qu'il est, à louer ses services au Roi de France et, à la tête des grandes compagnies, il va combattre en Espagne. Tout ce qu'il fait est ainsi personnel ; il possède, il est vrai, la haine de l'Angleterre, mais entre la Bretagne et la France, il est indifférent. De même Clisson, qui combat autant pour l'une que pour l'autre ; il se bat, en réalité, pour satisfaire ses penchants héroïques. Mais le plus frappant exemple de cet individualisme guerrier fut la Tour d'Auvergne ; son histoire est trop connue pour que nous ayons à la relater ici. Lors de l'émigration, sollicité d'émigrer par les autres officiers nobles, il s'y refusa, préférant combattre pour la France ; alors ses camarades imputent une telle résolution à son désir d'avancement. Il répudie un tel mobile et jure, dit-on, de ne jamais dépasser le grade de premier grenadier. Toutes les dignités offertes, il les rejette aussi bien sous la République que sous l'Empire, tout en gagnant des victoires. La Tour d'Auvergne reste le grand isolé, même dans la vaste famille militaire, il le fut et vis-à-vis de l'aristocratie, dont il n'avait pas voulu suivre l'exemple, et vis-à-vis du Pouvoir, dont il n'acceptait pas les offres ; il se tint ainsi en dehors de la hiérarchie militaire, comme un solitaire à la plus haute puissance.

Sans doute, lorsque le Breton se trouve en présence de nations qui en veulent à l'indépendance de sa province, son individualisme personnel devient un individualisme national, et il défend celle-ci avec la plus grande ardeur; il n'est pas besoin d'ajouter qu'il en est de même de l'Irlandais. C'est ainsi que craignant un danger du côté de l'Angleterre, l'Armorique a toujours lutté contre les Anglais et l'union française s'est faite par cette lutte. A la veille de la Révolution, le Parlement de Bretagne fut un de ceux qui résistèrent le plus courageusement pour conserver les immunités bretonnes, et il avait autrefois fallu de rudes batailles avant que, par un mariage forcé, la reine Anne ait laissé réunir la Bretagne à la France, mais dès que l'indépendance du pays n'est plus en jeu, l'individualisme personnel, ainsi que la solitude et l'éparpillement qui en sont la suite, reprennent le dessus, d'où un réciproque éloignement très singulier de la Bretagne pour ses enfants et de ses enfants pour elle. Elle a délaissé la plupart de ses grands hommes et ils sont passés à la France. Cela est vrai de ses héros guerriers comme de ses génies, de tous les illustres parmi ses enfants.

Nous rappellerons ici ses trois fameux connétables : Duguesclin, Clisson, Richemont. Dès que le premier eut chassé les Anglais du sol breton, il s'attacha à la personne de Charles V, c'est pour lui qu'il guerroyait. Il en fut de même de Clisson. Quant à Richemont, c'est du côté de Charles VII qu'il se tourne, il rivalise avec Jeanne Darc pour sauver la France. Sans doute, Anne est la bonne Duchesse, mais elle devient la Reine de France. Cela est plus vrai encore quand il s'agit des grands écrivains. C'est à Paris qu'Abélard enseigne ; Châteaubriand quitte la Bretagne, n'y revient pas, et ce qu'il chante ce n'est point Armor, c'est la nature vierge de l'Amérique, c'est l'antique Orient, c'est le christianisme naissant en Italie et en Grèce. Lamennais, perdu dans les controverses, les doutes, la religion du sentiment, n'a point les regards tournés vers Saint-Malo, et si Renan nous raconte Tréguier, c'est seulement pour décrire son enfance, l'avenir l'emporte plus loin. La Bretagne fait de même, il faut le reconnaître, elle n'a cure de ses enfants dès qu'ils l'ont quittée; Brizeux, qui la chante pourtant, doit fuir le sol natal inhospitalier.

Ce sont des effets fâcheux, mais nécessaires, d'un extrême individualisme et de l'isolement. L'union dans la famille est extrême, dans la province elle est plus relâchée. Il en résulte, comme nous le verrons, une infériorité sociale. C'est bien pis encore à l'intérieur, ce caractère y est aussi très marqué ; les forces individuelles très grandes restent dispersées. C'est à ses divisions intestines, à son émiettement, que la Grande Bretagne dut d'être conquise par les Anglais. En Armorique beaucoup d'entreprises ont échoué par la dispersion, par l'aversion de village à village, de ville à ville. On peut sous ce rapport comparer deux guerres civiles, contemporaines l'une de l'autre, celle de la Vendée dans le Poitou, celle de la Chouannerie en Bretagne. La première est une guerre sociale, il s'y forme une grande armée qui finit par manœuvrer sous la direction d'un seul chef; elle fut, il est vrai, éphémère, mais tant qu'elle dura, elle eut un caractère organique, aussi remporta-t-elle des succès relatifs importants. La seconde fut une guerre individuelle, intermittente, prolongée, sans relations d'un chef à l'autre, sans entente, et qui aboutit au grand massacre de Quiberon et non à des batailles rangées. Ce fut un effet de l'individualisme, de l'isolement breton ; la guerre d'ailleurs n'en fut que plus cruelle et plus prolongée.

Un tel caractère est facilement explicable en dehors de l'élément de la race. La géographie et l'histoire y ont à la fois conspiré. La Bretagne est une presqu'île, au sens géographique et moral, il en est de même de l'Ecosse et du pays Gallois ; l'Irlande est insulaire. Ces pays n'ont presque pas de voisins, ils entretiennent peu de rapports avec ceux qu'ils peuvent avoir. C'est en dernier lieu que Jules César et Charlemagne songent à les conquérir. S'ils commercent, c'est au-delà des mers, et non près de chez soi ; ils ont d'ailleurs peu d'objets d'échange, leur sol étant infécond. L'un, l'Armorique, s'étendait sur un grand espace de terrain, les communications allaient difficilement jusqu'à l'extrémité ; l'Irlande renfermait les *penitus toto divisos orbe Britannos* que chantait Virgile. Par là même, il n'y a pas de mélange de sa race avec les races étrangères, et si cette race n'est elle-même en dernière analyse qu'un mélange remontant à une époque lointaine, elle a pu se tasser et se fixer. Le développement de la marine a retourné la Bretagne du côté opposé au reste de l'Europe. On voit combien sont nombreux et puissants les facteurs d'isolement. Nous avons déjà indiqué les facteurs psychiques, ce sont ceux qui lui ont procuré son fonds de tristesse et de poésie.

Mais il existe de cet isolement un autre facteur important, c'est le langage. Tandis que la plupart des autres provinces d'Angleterre et de France ne se distinguent que par la différence des dialectes, le celtique est une langue ou plutôt une série de langues indépendantes des autres. Il s'est suffisamment conservé, assez de Celtes ignorent le français pour qu'il s'élève là une puissante barrière. En outre, les idiomes celtiques ont un caractère qui convient bien à la nature du Celte ; nous y reviendrons tout à l'heure.

Ces deux points solidaires chez le Breton, l'individualisme, la disposition à l'isolement, ont produit un fruit précieux que beaucoup d'hommes et de peuples recherchent maintenant surtout, et qui est tout à fait naturel à la race celtique : l'originalité. Cette qualité a pourtant ses mauvais côtés, surtout dans les classes inférieures, elle rend trop hétérogène. Lorsque le conscrit breton se trouve mêlé à d'autres provinciaux dans l'armée française, on tourne en ridicule sa contenance, ses usages, ses goûts, ses idées, tellement tout cela détonne sur l'ensemble ; il est de mode de penser et d'agir comme tout le monde dans un certain milieu, on ne voit pas ce qu'il y a d'or moral parmi cette gangue et qu'au soldat et au marin breton il ne pourrait en être remontré par personne en fait de courage et d'héroïsme, ses croyances sont respectables, quoique défigurées par des pratiques absurdes. Mais c'est dans une sphère supérieure que l'originalité celtique devient du génie dans l'âme de ses grands hommes et de ses grands écrivains. Il suffit de nommer parmi les modernes les trois figures déjà citées : Châteaubriand, Lamennais, Renan, dont chacun a donné son empreinte si personnelle à la littérature française ; le premier l'a entièrement renouvelée avant Hugo. Les grands hommes de guerre ont fait preuve de la même originalité puissante. Faut-il encore nommer Duguesclin, cet original par excellence, moralement et physiquement singulier, qui n'eut peut-être pas sous ce rapport de semblable dans l'histoire du monde ? Bien personnel, quoique un peu effacé, est resté aussi Richemont en face de Jeanne Darc. Mais celui qui le fut davantage est peut-être La Tour d'Auvergne ; tout en lui est extraordinaire, jusqu'à ses vertus extrêmes, à sa simplicité non affectée ; l'originalité s'unit d'ailleurs chez lui à l'individualisme et à l'amour de l'isolement, comme à ses sources.

6° *Rudesse, franchise, taciturnité, entêtement*

Tout se tient dans le caractère, et il faut examiner souvent ensemble plusieurs qualités ou plusieurs défauts pour bien le comprendre. Il faut même aller plus loin, la vue devrait en être synoptique, et si l'on ne devait pas analyser, pour plus complètement décrire, il faudrait voir tous les traits les uns dans les autres, car ils se modifient entre eux et se déterminent.

L'isolement, l'esprit religieux exalté et sévère, l'individualisme lui ont donné ici une grande rudesse ; ce dernier seul aurait suffi, car il a imprimé les mêmes défauts et les mêmes qualités aux peuples anglo-américains. Cette rudesse peut aller jusqu'à la cruauté ; on a souvent rappelé cette barbarie des habitants des côtes bretonnes qui massacraient et pillaient sur les navires naufragés, et même les attiraient par des feux trompeurs vers la côte inhospitalière. Mais la rudesse, qui consiste à exclure tout langage flatteur, cérémonieux et même poli, n'est point la dureté, elle en donne seulement parfois l'apparence. Elle dissimule la bonté, la pitié, la charité et ne les exclut pas ; elle les conserve même intérieures et vivaces. Souvent, celui qui manifeste une grande bienveillance à l'extérieur se dispense, lorsque l'occasion se produit, de rendre service. Le Celte, au contraire, est bienfaisant parce qu'il est accessible à la pitié, mais il ne cherche pas à nouer par là des relations plus étroites. C'est plutôt pour lui-même qu'il est bienfaisant, en ce sens qu'un refus diminuerait sa propre valeur morale. Mais, le service rendu, la rudesse revient comme état habituel. Du reste, il est dur envers lui-même, c'est-à-dire stoïque. Voici un Breton et un Anglais, ces deux ennemis héréditaires, en face l'un de l'autre, on sera très surpris de remarquer chez l'un et chez l'autre la même raideur ; cependant cette identité n'est qu'apparente. celle de l'Anglais, il est vrai, comme celle du Breton, sera quelquefois bienfaisante, mais elle demeurera plus égoïste, subordonnée à ce qu'il n'existe pas un intérêt personnel contraire, tandis que chez le Breton elle cédera à la pitié, même au détriment des intérêts personnels, car si les deux races diffèrent l'une de l'autre en un point essentiel, c'est surtout en ce que l'une est égoïste et l'autre altruiste à un haut degré. Un exemple éclatant de cet altruisme du Breton a été donné par La Tour d'Auvergne. Nous avons dit qu'après une retraite précédée de nombreux exploits, il s'engagea de nouveau pour remplacer le fils d'un ami appelé par le tirage au sort lors de la conscription.

Cette rudesse innée comporte comme corollaires d'autres qualités, la franchise, l'entêtement, le courage, qui ont servi tour à tour, envers la race bretonne, de thème à l'éloge et au blâme. La franchise a été bien réelle, mais au milieu des complexités de la vie moderne et de la lutte désespérée pour la vie, laquelle a lieu encore plus par la ruse que par la force proprement dite, elle a à peu près disparu. C'est beaucoup de ne pas mentir, il faut au moins dissimuler pour réussir quelque peu. Mais l'entêtement est resté, car les défauts sont plus tenaces que les qualités. Tête de Breton, tel est le proverbe. Cet entêtement est parfois sublime, nos soldats et nos marins en ont donné la preuve, mais il est souvent nuisible, surtout aux entêtés; c'est ce qui est advenu pour la Bretagne. Il rend misonéiste ; on s'acharne à conserver les effets, même après que les causes ont disparu. On exclut les nouveaux modes de culture, on conserve les idées surannées, modifiées tout à l'entour, on demeure dans l'ignorance et, tout en étant supérieur au fond, on semblera inférieur. Ce qu'il y a de pire, c'est qu'en se dépouillant de ce défaut on perd des qualités précieuses, parce que pour l'entêté tout se tient; il ne faut pas toucher à une seule pierre du passé ou l'édifice entier s'écroule. Mais, en revanche, la rudesse bretonne a donné à ce peuple une qualité suprême que personne ne lui conteste : le courage. Sans doute, beaucoup de peuples sont courageux, mais pas de la même manière. Le courage breton est stoïque, passif, dérive de la complexion et non de l'entraînement, il vient de nature. Il n'a besoin d'être excité ni par l'odeur de la poudre, ni par la colère, ni par l'instinct de la conservation, ni par la place dans la bataille rangée. Tout, d'ailleurs, a conspiré à l'établir solidement et simplement : le peu d'agrément de la vie, les luttes fréquentes entre gens de différents villages, l'existence du pêcheur et du marin, la nourriture frugale, l'effort héréditaire, l'absence de spectateurs.

L'histoire apporte à notre thèse des preuves nombreuses qu'il serait trop long de citer. Duguesclin en est resté le type monumental. Clisson, Richemond le suivent de près, et si la France n'avait pas produit Jeanne d'Arc elle n'aurait alors rien à leur opposer. Porcon de la Barbinais, en 1665, donne un exemple frappant de ce genre de courage; prisonnier du Dey d'Alger, il fut envoyé vers Louis XIV chargé de propositions de paix, sous la condition de revenir; les propositions furent rejetées, et... il revint... Il savait ce qui l'attendait, il fut décapité à son retour. En 1558, une flotte anglo-hollandaise débarqua en vue du Conquet sans trouver aucune troupe devant elle ; un gentilhomme du pays, Kersimon, exhorte les habitants du Léon à la résistance et il chasse les dix mille envahisseurs.

Nous n'en finirions pas si nous voulions rappeler ici tous les hauts faits de nos marins : Cassard, un nantais ; Coëtlogon, La Motte-Piquet, Cornic, Ducouëdic et surtout Duguay-Trouin. Il faut ajouter aux grands capitaines les chefs et les soldats qui, dans les guerres civiles de l'Ouest, pendant la Révolution, montrèrent dans les deux camps, parmi d'atroces cruautés, hélas ! le plus grand courage. D'autres, Leperdit à Rennes, par exemple, furent des modèles de courage civique. Enfin et surtout La Tour d'Auvergne, qui résume le caractère breton guerrier et dont la gloire est restée la plus pure, témoigne au plus haut degré de ce courage spécial, sans ostentation, sans cruauté, sans besoin d'excitation, qu'on pourrait appeler le *courage celtique.*

Il est rare qu'avec cette rudesse, cet isolement, cette franchise, l'homme qui les possède soit grand parleur. Il se concentre en lui-même, son individualisme profond l'y invite. Il pense et il agit, c'est beaucoup, mais aussi c'est presque tout. L'Anglais, d'ailleurs, quoiqu'il diffère sur beaucoup d'autres points, coïncide ici. Il s'exprime en paroles brèves, importantes, réfléchies ; le Français, au contraire, surtout le Français du Midi, commence sa phrase avant de l'avoir tout entière déroulée en soi ; il pense au fur et à mesure et par périodes ; la parole, d'ailleurs, l'aide dans cette parturition mentale ; son idée s'exalte, se développe lorsqu'elle possède un auditeur. Il n'en est pas de même du Celte, dont le caractère s'en écarte beaucoup sous ce rapport ; il est taciturne ou tout au moins laconique ; aussi, s'il y a de grands écrivains bretons, il est beaucoup moins d'orateurs. Ce trait a influé sur sa langue elle-même, sur sa lexicologie, sur sa phonétique. Les mots du celtique proethnique étaient tout autres, on les rencontre encore en vieil irlandais dans une certaine ampleur, au moins à l'état graphique, car la prononciation les accourcit singulièrement. Mais en Bretagne, toutes les fois qu'il ne s'agit pas de ceux français introduits qui défigurent la langue, mais ne comptent pas ici, les mots sont devenus brefs, perdent leurs voyelles, sont souvent monosyllabiques, c'est-à-dire réduits à leur plus simple expression ; il n'y a pas de place pour un accent véritable, les mots se détachant les uns des autres. Ce n'est pas tout; au point de vue phonique, la langue a pris une rudesse plus grande que celle qu'elle avait à l'origine ; on connaît les règles de mutations des consonnes initiales. Une consonne entre deux voyelles s'affaiblit, de là une si grande fréquence en breton de la gutturale aspirée ; puis, sortie de cette situation, elle continue de s'aspirer, de là cet aspect qui rebute les étrangers ; cependant un tel langage sied bien à ceux qui le parlent, il est le fidèle *miroir* de leur caractère.

7° *Caractère familial*

Par là même que le Breton n'est pas social dans le sens technique de ce mot, mais individualiste, on pourrait croire au premier abord que le sentiment de la famille, cette petite société, est faible chez lui, chez l'Irlandais et l'Ecossais. C'est tout le contraire qui est vrai, et cela s'explique. Au fond de tout homme il existe un certain *besoin de socialité* qui doit être satisfait ; si l'isolement matériel, les circonstances intellectuelles l'empêchent de pratiquer la grande société, il se rejettera d'autant plus sur la petite, sur la famille. D'ailleurs, celle-ci, comme nous avons essayé de le démontrer ailleurs, est plus individuelle que sociale, c'est même souvent un rempart contre une société oppressive. Aussi le Celte des deux côtés de la Manche pratique-t-il le culte de la famille ; le clan écossais est particulièrement connu ; le montagnard est tout-à-fait jaloux de conserver l'intégrité de la sienne, il manifeste souvent une jalousie féroce et la chasteté de ces races ne tient pas moins à cette idée qu'à la pratique religieuse. L'autorité du père de famille est très grande, il rappelle l'antique *pater familias*. Ce n'est pas la famille étroite qui est ainsi en honneur, c'est celle qui s'étend à tous les degrés ; la parenté est rarement perdue dans le souvenir, si lointaine qu'elle soit, les longues généalogies défilent sans cesse, c'est une des causes de la persistance de l'idée nobiliaire en Bretagne, mais on la retrouve aussi dans les familles de paysans ; on donne des noms pittoresques même aux degrés, pour ainsi dire, incolores ; c'est ainsi qu'on distingue entre les cousins : ceux à la même hauteur sur l'arbre généalogique conservent ce nom, les autres prennent celui d'oncles et neveux, tantes et nièces *à la mode de Bretagne*.

Une conséquence de cet amour de la famille particulière aux Celtes et surtout aux Bretons, c'est la fécondité. Le père, la mère voient avec bonheur s'augmenter le nombre de leurs enfants ; cependant la misère les attend, mais on la supportera en commun ; la terre ingrate sera plus souvent retournée. Sans doute, l'idée religieuse qui, dans toutes les religions, pousse à la multiplication, influe dans le même sens, et aussi l'effet physiologique du voisinage salin de la mer et enfin l'imprévoyance du prolétariat, mais ces facteurs ne sont pas les seuls, ni les plus importants ; l'amour de la famille en est la principale racine, et Malthus a peu de succès en Bretagne.

8° *Indolence et irrésolution*

Il semble que ces derniers traits, certains pourtant, sont en flagrante contradiction avec ceux qui précèdent. Le Breton, l'Irlandais, le Gallois sont courageux, entêtés, durs à eux-mêmes et aux autres. Quoi de plus contraire à l'indolence et au manque de suite dans l'action ! Cependant étudions chacun d'eux. L'Irlandais reçoit de l'Anglais cet éternel reproche mérité d'incurable paresse ; partout où la race anglaise passe, son activité en tous sens est visible, l'ouvrier anglais est le plus travailleur du monde ; l'Irlandais, partout où il va, même en dehors de son pays de pauvreté, possède la réputation contraire, il ne pratique aucun travail constant, se rebute devant les obstacles. Il ne peut avoir de résolution suivie, enfermé d'abord dans un catholicisme intransigeant, il se jette ensuite dans l'anarchie, il déconcerte ses amis par son protéisme, et il semble avoir tort lorsqu'il a raison. Dans l'histoire, l'Ecosse n'a pas suivi une ligne bien déterminée qui aurait pu la mettre à l'abri. Mais c'est en Bretagne surtout qu'apparaît cette sorte d'incohérence du caractère. Nous avons déjà remarqué comment celui-ci se dissocie singulièrement, lorsque le Breton vient à changer d'habitat, il devient alors tout le contraire de lui-même. Pendant la longue période historique qui a précédé sa réunion à la France, au lieu de prendre complètement parti pour la France ou l'Angleterre, il a flotté entre les deux ; sans doute c'est son allure anti-anglaise qui finit par apparaître le plus, mais ce n'était pas exclusif ; lors de la guerre des deux Jeanne, il y avait autant de partisans de l'une que de l'autre. Duguesclin, au contraire, n'hésite pas, il opte pour la France, mais tellement qu'il abandonne un peu l'idée bretonne. La reine Anne, qui tenait tant à l'indépendance de son pays, en consomme cependant l'annexion par ses mariages français. Les grands écrivains bretons hésitent, c'est même à ces hésitations qu'ils doivent leur pensée si nuancée et si humaine, mais ils sont comme suspendus, c'est un doute perpétuel que propose Renan. Lamennais oscille sans cesse d'un pôle à l'autre, partisan tantôt de la hiérarchie absolue, tantôt de la révolution. Quand à l'indolence, elle n'est pas moins certaine, même dans les classes laborieuses; on donnera pour un moment l'effort nécessaire, mais non d'une façon continue, ou le travail restera mécanique, il ne sera pas accompagné de cette activité voulue qui marque le véritable travailleur. Joignez à cela des alternances singulières entre l'ascétisme et la débauche à outrance, entre la mélancolie doublée du culte de la mort et les danses et fêtes sans fin, entre la frugalité et l'alcoolisme destructif de cette race.

Ces défauts sont difficiles, sans doute, à expliquer dans l'ensemble du caractère breton. Ils y marquent un certain déséquilibre, et c'est peut-être à ce déséquilibre même qu'est due l'apparition de puissants génies portant le même mélange mental et résumant la nation.

Tels sont les traits de caractère qui doivent, croyons-nous, être surtout inscrits dans un essai de psychologie du peuple breton ; ils ne sont pas les seuls, mais nous n'avons voulu que choisir les principaux, et ceux dont nous pouvions établir la réalité par l'histoire. Il eut fallu en faire la répartition parmi les diverses branches des peuples celtiques, car l'Irlandais, par exemple, diffère de l'Armoricain sous certains rapports, et nous avons dès l'abord indiqué la distinction anthropologique entre les Gaëls et les Kymris, mais cela nous eût entraîné trop loin, et la vérité globale n'est pas atteinte par ces dissemblances.

Il nous resterait à tracer la sociologie du peuple breton, mais ce travail fera l'objet d'une autre monographie. Nous y rechercherons quel a été à travers l'histoire le rôle de la race celtique dans son existence, cette fois nationale et organique, au milieu des autres nations, et quel fut le caractère de ce rôle. Dans cette investigation, nous découvrirons un phénomène singulier, c'est que ce qui est qualité chez l'individu et qualité de premier ordre, est souvent, au contraire, chez l'ensemble de la race ou de la nation dans son existence sociale, une cause d'infériorisation et de perte finale ; en particulier, l'isolement qui, collaborant avec le premier facteur qui est la race, a produit tant de Bretons illustres, et dans la mentalité du gros même de la population, tant de vertus solides, a été désastreuse pour l'existence politique. Puis nous étudierons la sociologie de cette race dans le présent, de l'Irlande à la Bretagne, sa dépendance, ses efforts pour en sortir, le mouvement celtique et même panceltique, la réalité ou l'existence artificielle de ce mouvement, en le comparant à ceux analogues apparaissant dans d'autres parties de l'Europe ; enfin nous essaierons d'en prévoir l'avenir, ou tout au moins, les avenirs possibles, car les aboutissements inconnus peuvent être divers. Mais nous avons dû d'abord poser la base fondamentale, l'étude de la mentalité, la psychologie elle-même du peuple breton.

Nantes — Imp. Meilinet, Place du Pilori 5 — Bréhéret et Doutois, Succrs

www.ingramcontent.com/pod-product-compliance
Ingram Content Group UK Ltd.
Pitfield, Milton Keynes, MK11 3LW, UK
UKHW021203220726
13924UKWH00003B/1302